もくじ

取り外してお使いください 赤シート＋直前チェックBOOK,別冊解答

※全国の定期テストの標準的な出題範囲を示しています。学校の学習進度とあわない場合は,「あなたの学校の出題範囲」欄に出題範囲を書きこんでお使いください。

Step 1

見えないだけ

15分

1 文章を読んで、問いに答えなさい。

▼教 表紙裏

見えないだけ　牟礼《むれ》 慶子《けいこ》

空の上には
もっと青い空が浮かんでいる
波の底には
もっと大きな海が眠《ねむ》っている
胸の奥で
ことばがはぐくんでいる優《やさ》しい世界
次の垣根《かきね》で
蕾《つぼみ》をさし出している美しい季節
少し遠くで
待ちかねている新しい友だち

(1) 6行目「ことばがはぐくんでいる優しい世界」は、どういうことを表現していますか。次から一つ選び、記号で答えなさい。

ア　言葉を知ることで心が豊かになっていくこと。
イ　言葉は人を傷つけるばかりではないこと。
ウ　言葉によって世界の人々とつながること。

(2) 7・8行目「次の垣根で……美しい季節」は、どういうことを表現していますか。これについて説明した次の文の□にそれぞれ当てはまる漢字一字を書きなさい。

今は□だが、次の季節の□がそこまで来ていること。

(3) この詩の主題を次から一つ選び、記号で答えなさい。

ア　希望はそばにあっても、見ようとしなければ見えないものだ。
イ　希望はまだ遠くにあり、見えるようになるかはわからない。
ウ　今はまだ見えなくても、希望のある未来が確かに待っている。

ヒント

(1) 「もっと……な……」という言葉が繰り返されている。どれも、目には見えないものだね。

(3) 「まだ見えない」という表現には、「いつかは見える」という気持ちが込められているよ。

あんなに確かに在るものが
まだここからは見えないだけ

牟礼 慶子「見えないだけ」〈「ことばの冠《かんむり》」〉より

テストで点を取るポイント

国語の中間・期末テストでは、次のポイントを押さえて確実に点数アップをねらうことができます。

☑ノートを確認して、教科書を音読する

❶授業中の板書を写したノートをおさらいします。
国語の定期テストでは黒板に書かれた内容がテストで問われることが多く、先生によっては要点を赤字にしたり、繰り返し注意したりしてヒントを出してくれています。

❷教科書の文章を音読して読み直す。
テストで出る文章は決まっているので、かならず何度も読み直して文章内容を理解しておきましょう。

☑ステップ1・ステップ2を解く

≫実際に文章読解問題・文法問題を解いて、内容を理解できているか確認します。いずれも時間を計って、短時間で解く練習をしておきましょう。

☑小冊子で漢字を確認する

≫テスト直前には新出漢字や文法事項、古文単語などの暗記事項を確認します。

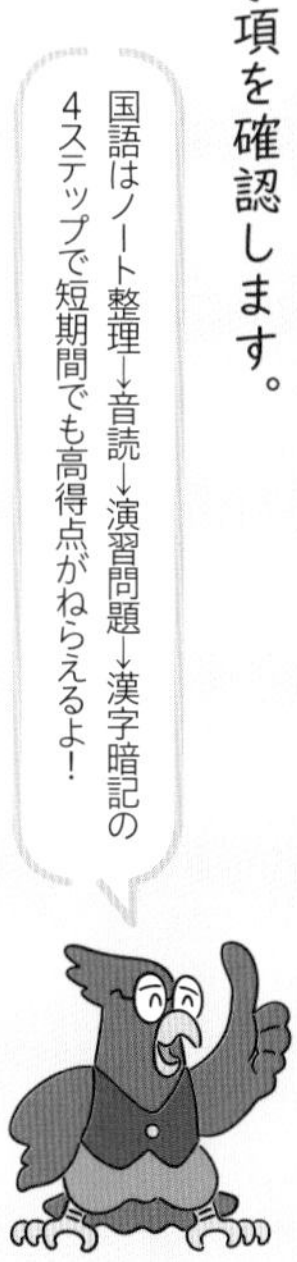

国語はノート整理→音読→演習問題→漢字暗記の4ステップで短期間でも高得点がねらえるよ！

Step 1 アイスプラネット

1 文章を読んで、問いに答えなさい。

▼教 16ページ16行～18ページ17行

「立っている馬をそのまま大口を開けて飲み込むわけじゃないんだ。まず馬の首のあたりにかみついて馬をひっくり返す。それから馬の体に巻き付いて馬の脚の骨をバキバキ折っていく。飲み込みやすいように全体を丸くしていくんだなあ。それから、ゆっくり、飲んでいくんだ。」

本当かなあ。力の籠もった話し方を聞いていると、うっかり①ぐうちゃんのほら話の世界に取り込まれてしまいそうになる。でもその怪しさがやっぱりおもしろい。

「悠《ゆう》君。アマゾンの動物はみんな大きいんだ。ナマズもでっかいのがいるぞ。どのくらいだと思う?」

どうせほら話だから僕も大きく出ることにした。

「そうだね。じゃ一メートル!」

「ブップー。」

外れの合図らしいけど、まるっきり子供扱いだ。

「アマゾンでは普通に三メートルのナマズがいるよ。」

「うそだあ。ありえねえ。」

②さすがに頭にきた。僕を小学生ぐらいと勘違いしているんだ。

「うそじゃないよ。口の大きさが一メートルぐらいだよ。」

③ぐうちゃんはまた細い目になった。僕をからかって喜んでいる目

(1) ——線①「ぐうちゃんのほら話」とありますが、ぐうちゃんの話題は、前半は何で、後半は何でしたか。それぞれ七字と八字で抜き出しなさい。

前半

後半

(2) ——線②「さすがに頭にきた」とありますが、なぜ「僕」は頭にきたのですか。次から一つ選び、記号で答えなさい。

ア ぐうちゃんが「僕」をだまそうとして、もっともらしいことを言っていることに気づいたから。

イ ぐうちゃんの話があまりにもありえない内容で、なんだかばかにされているように感じたから。

ウ ぐうちゃんが、「僕」が小学生のときにも同じ話をしたことがあるのを思い出したから。

(　　)

(3) ——線③「ぐうちゃんはまた細い目になった」とありますが、ぐうちゃんのこのような表情にはどういう気持ちが表れていると、「僕」は考えていますか。十二字で探し、初めの五字を抜き出しなさい。

15分

だ。

「ふうん。」

なんだかばかばかしくなったので気のない返事をした。

「あ、信じてないだろう。じゃあがらっと変わって、④きれいで小さい宇宙の話をしようか。」

ぐうちゃんは話の作戦を変えてきた。宇宙の話は好きだ。例えば宇宙には果てがあるのか、とか二重太陽のある星の話とかだ。ところが、ぐうちゃんの話は、地球の中の宇宙の話だった。

「北極には、一年に一度流氷が解けるときに小さな氷の惑星ができるってイヌイットの間ではいわれている。⑤アイスプラネットだ。めったに現れないので、それを見た者はその年いいことがいっぱいあるといわれている。」

「童話か何かの話？」

「いや、本当にある話だよ。見ることのできた者を幸せにするという、地球の中にある小さな美しい氷の惑星。いい話だろ。」

「やっぱりありえねえ。俺、風呂《ふろ》の時間だし。」

ぐうちゃんは続けて話したそうだったけれど、母親が風呂に入れと大きい声で呼んだので、それを口実に逃げることにした。ぐうちゃんは、やっぱり今どきの中学生をなめているのだ。

椎名　誠「アイスプラネット」より

(4) ——線④「きれいで小さい宇宙」とありますが、これは本当の宇宙ではなく、何の話でしたか。七字で抜き出しなさい。

□□□□□□□

(5) ——線⑤「アイスプラネット」とは、どのようなものですか。これについて説明した次の文の□に当てはまる言葉を抜き出しなさい。

□□で一年に一度□□□□□□□ときにできる、小さな□□□□。

(6) ぐうちゃんの人物像を次から一つ選び、記号で答えなさい。
ア　本当かうそかわからない話をする、つかみどころのない人物。
イ　嘘《うそ》をついて「僕」をだましてばかりいるずるがしこい人物。
ウ　世界中を飛び回って冒険をしている、いさましい人物。

ヒント
(1) 「僕」がぐうちゃんの話を信じていない様子だったので、途中から違う話題に変えているね。
(6) ぐうちゃんの話を「ほら話」だと思っているけれど、おもしろいのでついつい引き込まれてしまうんだね。

「うそだ」とか「ありえねえ」と言いながら、話を聞いてるね。

Step 2

アイスプラネット

20分

／100

目標 75点

1 文章を読んで、問いに答えなさい。思

▼教 18ページ19行～20ページ7行

翌日、学校に行く途中で、同じクラスの吉井《よしい》と今村に会った。①初めはどうしようかと思ったけど、馬も飲んでしまうでっかいアナコンダや、三メートルもあるナマズの話はおもしろかったし、氷の惑星の話も、本当だったらきれいだろうなと思ったから、つい吉井や今村にその話をしてしまった。二人は僕の話が終わると顔を見合わせて、「ありえねえ。」「証拠見せろよ。」と言った。「そんなほら話、小学生でも信じないぞ。」②そう言われればそうだ。だから、部活が終わって大急ぎで家に帰ると、僕は真っ先にぐうちゃんの部屋に行って、「昨日の話、本当なら証拠の写真を見せろよ。」と無愛想に言った。ぐうちゃんは少し考えるしぐさをして、「そうだなあ。」と言って、目をパチパチさせている。

「これまで撮ってきた写真をそろそろちゃんと整理して紙焼きにしないと、と思っているんだ。そうしたらいろいろ見せてあげるよ。」

③むっとした。そんな言い逃れをするぐうちゃんは好きではない。なんかぐうちゃんに僕の人生が全面的にからかわれた感じだ。吉井や今村に話をした分だけ損をした。いや④失敗した。僕までほら吹きになってしまったのだ。

それから夏休みになってすぐ、ぐうちゃんはいつもより少し長い仕事に出た。関東地方の各地の川の測量をするということだった。

(1) ――線①「初めはどうしようかと思った」とありますが、何を迷っていたのですか。これについて説明した次の文の□に当てはまる言葉を十字程度で答えなさい。

昨日、□を同じクラスの吉井と今村に話すこと。

(2) ――線②「そう言われればそうだ」とはどういうことですか。これについて説明した次の文の□に当てはまる言葉を十五字程度で書きなさい。

ぐうちゃんの話が□だということ。

点UP

(3) ――線③「むっとした」理由を次から一つ選び、記号で答えなさい。

ア 言い逃れの内容が、ほら話に比べておもしろくないから。

イ ほら話がばれるから、写真の整理をしないとわかったから。

ウ ほら話で自分の人生を全面的にからかわれたと感じたから。

(4) ――線④「失敗」について説明した次の文の□に当てはまる言葉を十字以内で抜き出しなさい。

ぐうちゃんと同じように、自分も□しまったこと。

点UP

(5) ――線⑤「僕のことでぐうちゃんが責められる」とありますが、お母さんはどんなことでぐうちゃんを責めるのですか。「勉強」「影響」という言葉を使って書きなさい。

(6) ――線⑥「電気の消えた……寂しく感じられてきた」とありますが、このとき「僕」はどんな気持ちでしたか。

僕は人生を全面的にからかわれて以来、あまりぐうちゃんの部屋に行かなくなっていたから、気にも留めなかった。

夏休みも終わり近く、いつものように週末に帰ってきた父と母が話しているのが、風呂《ふろ》場にいる僕の耳にも入ってきた。

「僕たちは、都市のビルの中にいるからなかなか気がつかないけど、由起夫《ゆきお》君は若い頃に世界のあちこちへ行っていたから、日本の中にいたら気がつかないことがいっぱい見えているんだろうね。なんだか羨ましいような気がするな。」

母は、珍しくビールでも飲んだらしく、いつもよりもっと強烈に雄弁になっている。

「あなたは何をのんきなことを言っているの。由起夫が、いつまでもああやって気ままな暮らしをしているのを見ていると、悠太《ゆうた》に悪い影響が出ないか心配でしかたがないのよ。例えば極端な話、大人になっても毎日働かなくてもいいんだ、なんて思って勉強の意欲をなくしていったとしたら、どう責任取ってくれるのかしら。」

父が何かを答えているようだったが、はっきりとは聞こえなかった。ただ、⑤僕のことでぐうちゃんが責められるのは少し違う気がする。そう思うと、⑥電気の消えたぐうちゃんの部屋が急に寂しく感じられてきた。

椎名 誠「アイスプラネット」より

❷ ――線のカタカナを漢字で書きなさい。

❶ ロクジョウの和室。

❷ 急いでシタクする。

❸ トツゼン雨が降ってきた。

❹ アワてて家を出る。

❶	(1)	10点
	(2)	10点
	(3)	10点
	(4)	10点
	(5)	20点
	(6)	20点
❷	❶	各5点
	❷	
	❸	
	❹	

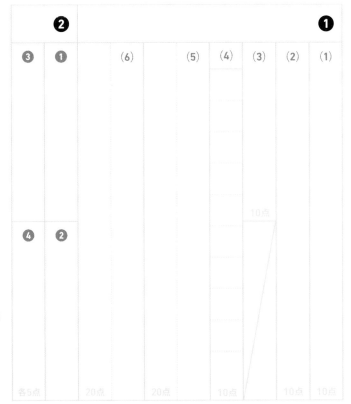

Step 1

枕草子《まくらのそうし》

15分

❶ 文章を読んで、問いに答えなさい。

▼㊕28ページ上4行～30ページ上12行

A ①春はあけぼの。ⓐやうやう白くなりゆく山ぎは(ア)、すこしあかりて、紫だちたる雲のほそくたなびきたる。

夏は夜。月のころはさらなり、闇もなほ(オ)、蛍の多く飛びちがひ(イ)たる。また、ただ一つ二つなど、ほのかにうち光りて行くもⓑをかし。雨など降るもをかし。

秋は夕暮れ。夕日のさして山の端《は》いと近《ちか》う(コ)なりたるに、烏《からす》の寝どころへ行くとて、三《み》つ四《よ》つ、二つ三つなど、②飛びいそぐさへ(エ)あは(ワ)れなり。まいて雁《かり》などのつらねたるが、いと小さく見ゆるはいとをかし。日入り果てて、風の音、虫の音《ね》など、はた言ふ(ウ)べきにあらず。

冬は③つとめて。雪の降りたるは言ふ(ウ)べきにもあらず、霜のいと白きも、またさらでもいと寒きに、火などいそぎおこして、炭もて渡るもいとつきづきし。昼になりて、④ぬるくゆるびもていけば、火桶《ひをけ》(オ)の火も白き灰がちになりてわろし。

（第一段）

B ⑤うつくしきもの　瓜《うり》にかきたるちごの顔。雀《すずめ》の子のねず鳴きするにを(オ)どり来る。二つ三つばかりなるちごの、いそぎて這《は》ひ(イ)来る道に、いと小さき塵《ちり》のありけるを、目ざとに見つけて、いとをかしげなる指《および》にとらへ(エ)て、大人ごとに見せたる、いとうつくし。頭《かしら》はあま

❶ (1) A について、問いに答えなさい。

❶ ――線ⓐ「やうやう」、ⓑ「をかし」を、現代仮名遣いに直して書きなさい。

ⓐ（　　）　ⓑ（　　）

❷ ――線①「春はあけぼの」とありますが、この後に省略されている言葉は何ですか。次から一つ選び、記号で答えなさい。

ア をかし　イ あらず　ウ もなほ

（　　）

❸ ――線②「飛びいそぐさへあはれなり」とありますが、これは、何の飛び急ぐ様子を「あはれ」といっているのですか。古文中から抜き出しなさい。

（　　）

❹ ――線③「つとめて」とは、どのような意味ですか。次から一つ選び、記号で答えなさい。

ア 早朝　イ 夕方　ウ 深夜

（　　）

❺ ――線④「ぬるくゆるびもていけば」の現代語訳になるよう、次の文の（　）に当てはまる言葉を書きなさい。

❶（　　）がだんだん❷（　　）くると。

(2) B について、問いに答えなさい。

そぎなるちごの、目に髪のおほ《(オ)》へ《(エ)》るを、⑥かきはやらで、うちかたぶきて物など見たるも、うつくし。

（第百四十五段）

C 月のいと明《あ》かきに、川をわたれば、牛の歩むままに、水晶などのわれたるやう《(ヨウ)》に、水の散りたるこそをかしけれ。

（第二百十六段）

清少納言「枕草子」より

❶ ——線⑤「うつくしきもの」の現代語訳になるよう、（　）に当てはまる言葉を書きなさい。

（　　　）もの

❷ ——線⑥「かきはやらで」の意味を、次から一つ選び、記号で答えなさい。

ア かきあげて　イ かきあげさせないで

ウ かきあげはしないで

(3) Cでは、何を、何にたとえていますか。これについて説明した次の文の（　）に当てはまる言葉を現代語で書きなさい。

（❶　　）が歩いて川を渡るときに（❷　　）様子を、（❸　　）様子にたとえている。

ヒント

(1) ❷春夏秋冬の季節ごとに、作者が気に入った情景を挙げている章段である。

(2) ❶現代語の「美しい」とは意味が違うので注意しよう。

(3) 「……やうに、」という表現に着目しよう。

テーマに沿って、いろいろなものを挙げる、「ものづくし」と呼ばれる章段だよ。

Step 2

漢字Ⅰ 熟語の構成（アイスプラネット～漢字に親しもうⅠ）

20分

／100

目標 75点

1

―部の漢字の読み仮名を書きなさい。

1 支度をする。
2 単身赴任の父。
3 怪しい話。
4 突然の雨。
5 切手を貼る。
6 楽しく踊る。
7 青い水晶。
8 笑みを浮かべる。
9 慶弔休暇
10 日没を見る。
11 秩序を守る。
12 妥当な判断。
13 妄想にふける。
14 迅速な対応。
15 危篤の知らせ。

1

1	2	3	4
5	6	7	8
9	10	11	12
13	14	15	

各2点

2

カタカナを漢字に直しなさい。

1 コウガイで暮らす。
2 カンゲイ会を開く。
3 ヨウチ園
4 キョクタンな言い方。
5 アワてて戻る。
6 ムラサキ色の花。
7 オモムキがある。
8 ネ過ごした。
9 豊かなドジョウ。
10 ヨウシを捉える。
11 選手センセイ
12 ゲンコウを書く。
13 カジョウ書きにする。
14 注意カンキ
15 ホウシ活動をする。

2

1	2	3	4
5	6	7	8
9	10	11	12
13	14	15	

各2点

❸ 熟語の構成に関する次の問いに答えなさい。

(1) 次の構成の二字熟語を後から二つずつ選び、記号で答えなさい。

❶ 意味が似ている漢字の組み合わせ。
❷ 意味が対になる漢字の組み合わせ。
❸ 主語と述語の関係。
❹ 下の漢字が上の漢字の目的や対象を示す。
❺ 上の漢字が下の漢字を修飾する。

ア 雷鳴　イ 海洋　ウ 曲線　エ 男女　オ 前後
カ 開会　キ 水路　ク 思考　ケ 国営　コ 着席

(2) 次の言葉が三字熟語になるように、□に「不・無・非・未」のいずれかを入れなさい。

❶ □自然　❷ □完成　❸ □常識　❹ □差別
❺ □条件　❻ □公平　❼ □経験

(3) 次の構成の三字熟語を後から二つずつ選び、記号で答えなさい。

❶ 二字＋一字の組み合わせ。
❷ 一字＋二字の組み合わせ。
❸ 漢字一字の言葉の組み合わせ。

ア 衣食住　イ 悪天候　ウ 進学校
エ 運転席　オ 天地人　カ 新学期

(4) 次の――線の四字熟語には漢字の間違いがあります。間違っている字を書き、正しい漢字に直しなさい。

❶ 生徒は今からテストだと知ると<u>異句同音</u>に文句を言った。
❷ 母の病状は<u>一進一体</u>で、なかなかよくならない。
❸ 救助隊がかけつけ、<u>危機一発</u>のところで助かった。
❹ ここまでしてもらって不平を言うとは、<u>言語同断</u>だ。
❺ これからは<u>心気一転</u>して、がんばろうと思います。

❸

(1)	❶　❷　❸　❹　❺	各2点
(2)	❶　❷　❸　❹　❺　❻　❼	各2点
(3)	❶　❷　❸	各2点
(4)	❶ ↓　❷ ↓　❸ ↓　❹ ↓　❺ ↓	各2点

テストに出る

● 熟語の構成―二字熟語の構成

(1) 意味が似ている漢字を組み合わせる　例 絵画・学習
(2) 意味が対になる漢字を組み合わせる　例 長短・進退
(3) 主語と述語の関係になっている　例 民営・地震
(4) 下の漢字が上の漢字の目的や対象を示す　例 読書・投句
(5) 上の漢字が下の漢字を修飾している　例 詩人・高音

Step 1

クマゼミ増加の原因を探る

15分

❶ 文章を読んで、問いに答えなさい。

▼㊫43ページ2行～44ページ20行

　図1に、二〇〇八年に①大阪府内で行った抜け殻調査の結果を示す。大阪市内の公園や大学では、やはりクマゼミが圧倒的に多く、かつてはよく見られたアブラゼミは二割以下に、ニイニイゼミやツクツクボウシはいなくなっていた。いっぽう、市外の緑地や森林には、依然としてアブラゼミが多く、山の上には、さらに多様な種類のセミが生息していることがわかった。

　②大阪市内では、なぜクマゼミの占める割合が、これほど高くなったのだろうか。一九六〇年代からの主な変化として挙げられるのが、この地域の都市化、気温上昇、湿度の低下である。急速な都市化にともない、植物や土で覆われた地面は舗装されてビルや道路になった。都市化はヒートアイランド現象を引き起こす。一九六〇年からの五十年間で大阪市の年平均気温は約一度上昇し、湿度は十パーセ

図1　抜け殻調査の結果

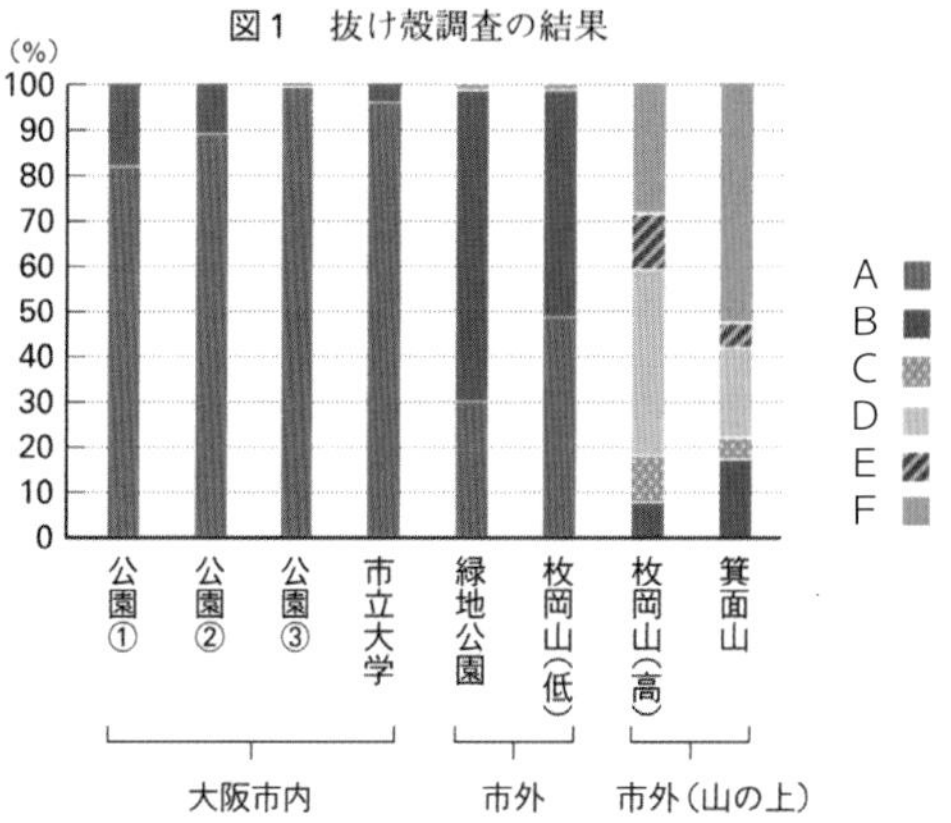

(1) ――線①「大阪府内で行った抜け殻調査」とありますが、その結果わかった次のセミが多くいる場所を、それぞれ書きなさい。

a　クマゼミ（　　）

b　アブラゼミ（　　）

(2) 上の図1のA～Fから、❶クマゼミ、❷アブラゼミにあたるものを選び、それぞれ記号で答えなさい。

❶（　　）　❷（　　）

(3) ――線②「大阪市内では……高くなったのだろうか」について、問いに答えなさい。

❶ 筆者は、原因として何の影響があるのではないかと考え、検証していますか。十七字で抜き出しなさい。

❷ ❶について調べるため、筆者はセミの一生の中で、特にどの段階に注目しましたか。次から二つ選び、記号で答えなさい。

ア　卵の段階　　イ　孵化してすぐの段階

ウ　幼虫の段階　　エ　成虫の段階

（　　）（　　）

ント近く低下した。つまり、現在の大阪市内は、以前より暑く、乾燥している。クマゼミは、もともと西日本の温暖な地域に多く生息し、暑さには強いと考えられる。ヒートアイランド現象による環境変化が有利に働いたのではないだろうか。私たちは、この点について検証していくことにした。

［前提］クマゼミの一生と、環境の影響を受ける時期

気温や湿度がクマゼミに与える影響を考えるために、まずは、その一生を確認しておこう（図2）。

①卵の段階　クマゼミは、夏に枯れ枝に産卵する。卵はやがて休眠に入り、そのまま地上で冬を越す。

②孵化《ふか》して土に潜る段階　休眠を終えた卵は、春、気温が上がると体を作り始め、梅雨《つゆ》から夏にかけて孵化する。雨の日に孵化し、③幼虫はすぐ土に潜る。

③幼虫として地中で過ごす段階　植物の根から栄養を取り、七年ほどかけて成長する。

④地上に出て成虫になる段階　幼虫は夏に地上に出て羽化し、産卵して一生を終える。

この中で、気温や湿度の影響を受けやすいのは、地上で外気にさらされる①②④の段階であると推定できる。特に、小さく未熟な状態である①と②は危険だ。①の卵は野外で冬を越すため、厳しい寒さに耐える必要がある。また、②の孵化したばかりの幼虫は弱く、一時間以内に地中に潜らないと、アリに襲われたり乾燥したりして死んでしまう。そのときの環境に、生存が左右されるおそれがあるのだ。

沼田　英治「クマゼミ増加の原因を探る」より

❸ 筆者が❷で挙げた時期に注目したのはなぜですか。これについて説明した次の文の（　）に当てはまる言葉を抜き出しなさい。

（　　　）ため気温や湿度の影響を受けやすいし、体も（　　　）な状態だから。

(4) ——線③「幼虫はすぐ土に潜る」とありますが、すぐに土に潜らないとどうなってしまうのですか。二十字前後で探し、初めと終わりの四字をそれぞれ抜き出しなさい。（句読点を含まない。）

□□□□〜□□□□

(5) 次の説明は、上で挙げたセミの一生の①〜④の、どの段階についてのものですか。それぞれ番号で答えなさい。

A　体が未熟な状態ではなくなっているため、地上で外気にさらされても耐えられる。

B　地中にいるため、気温や湿度の影響を受けにくい。

A（　　）　B（　　）

ヒント

(2) それぞれのセミがどこにいるのかを、初めの段落から読み取ろう。

(5) ①〜④の各段階について、どんな特徴があるかを捉えよう。

筆者はセミの一生のうち、最も危険な時期として、①②を挙げていたね。

Step 2

クマゼミ増加の原因を探る

20分

／100

目標 75点

❶ 文章を読んで、問いに答えなさい。思

▼教 47ページ16行〜49ページ15行

①大阪市内では、なぜクマゼミの占める割合が、これほど高くなったのか。私たちは、②幼虫が「孵化《ふか》して土に潜る段階」に注目した。［仮説2］でも述べたとおり、雨が降ると土がぬかるんで軟らかくなり、幼虫が地面に潜りやすくなる。しかし、都市化の進んだ大阪市内では、地表の大半が舗装されており、セミは地面に潜れない。さらに、公園などに残された土も、人の足で踏み固められ、ヒートアイランド現象の影響で乾燥しきっている。雨が降っても、野原や森林の土のように、ぬかるむことはない。

私たちは、図1に示した抜け殻調査をする際に、それらの地点の土の硬さも測定していた。その結果、クマゼミが多い市内の公園は土が硬く、クマゼミが少ない市外の緑地や森林は土が軟らかいことがわかった。私たちは、この違いに注目し、次のような仮説を立てた。

［仮説3］クマゼミの幼虫は土を掘る力が強く、ヒートアイランド現象による乾燥と地表の整備によって硬化した地面にも潜ることができる。

この仮説を検証するために、私たちは、セミの幼虫が土に潜る能力を実験で比較した。まず、四段階の硬さに押し固めた土を用意して、そこに孵化したばかりの幼虫を入れた。そして、一時間以内に

(1) ——線①「大阪市内では、なぜ……これほど高くなったのか」について、問いに答えなさい。

点UP

❶ 筆者はこの問いに対し、どのような仮説を立てましたか。

❷ この仮説は、どのような測定結果をもとにしていますか。

(2) ——線②「幼虫が『孵化して土に潜る段階』」とありますが、一般的に地面の硬さは、幼虫が土に潜ることとどのような関係があるのですか。

(3) ——線③「都市部におけるヒートアイランド現象の影響」の結果、なぜクマゼミの割合が高まったのですか。当てはまらないものを次から一つ選び、記号で答えなさい。

ア 気温の上昇と梅雨の影響で孵化率が向上したから。

イ 冬の寒さが緩和し、地中で死ぬ幼虫が減少したから。

ウ 硬化した都市部の土に潜る能力が高かったから。

(4) ——線④「環境の変化と、……関連づけて語られることが多い」とありますが、これに対して筆者はどのように考えていますか。次から一つ選び、記号で答えなさい。

ア 関連があることを前提に、実験で考えを補強していくとよい。

イ 充分《じゅうぶん》に確認せずに、安易に結論を出してしまうべきではない。

ウ 世間一般で広く言われていることには、信頼を置いてもよい。

点UP

(5) クマゼミ増加の原因を探る調査の経験から、筆者は物事の原因の追究について読み手にどのようなことを述べていますか。

潜れるかどうかを観察した。結果が図7である。クマゼミは他のセミと比べ、硬い土に潜る能力が圧倒的に高かった。乾燥と地表整備で、他のセミが潜れなくなるほど硬くなった地面にも、クマゼミだけは潜ることができる。これが、大阪市内でクマゼミの占める割合が高まった原因と考えられる。

まとめ

以上のことから、大阪市内でクマゼミの占める割合が高まった背景には、③都市部におけるヒートアイランド現象の影響があることが明らかになった。ただし、冬の寒さの緩和は関係がなかった。私たちの検証の範囲で関連が認められるのは、気温上昇で孵化の準備が早まり、梅雨《つゆ》と重なってクマゼミの孵化率が向上したこと、そして、ヒートアイランド現象による乾燥や地表整備で硬化した都市部の土に潜る能力が他のセミと比べて圧倒的に高かったことの二点である。

④環境の変化と、生物の数や分布の変化は、簡単に関連づけて語られることが多い。しかし、私たちがクマゼミについてこの結論を得るまでには、何年もの間、実験や観察を重ねる必要があった。物事の原因を追究するには、世間一般にいわれていることをうのみにするのではなく、科学的な根拠を一歩一歩積み上げて臨む姿勢が大切である。

沼田　英治「クマゼミ増加の原因を探る」より

❷ ——線のカタカナを漢字で書きなさい。

❶ 虫トりに出かける。
❷ キュウミン中の虫。
❸ 違いがケンチョだ。
❹ 暑さにタえる。

❶
(1) ❶ 15点 ❷ 15点
(2) 10点
(3) 10点
(4) 10点
(5) 20点

❷
❶ ❷ ❸ ❹ 各5点

Step 2

文法への扉1 単語をどう分ける?
(クマゼミ増加の原因を探る〜漢字に親しもう2)

20分

/100

目標 75点

1 ——部の漢字の読み仮名を書きなさい。

1 セミの抜け殻。
2 舗装された道。
3 花が枯れる。
4 海に潜る。
5 零度を下回る。
6 軟らかい土。
7 必須事項
8 羽化する。
9 カメの産卵。
10 肩がこる。
11 遺憾の意を示す。
12 煩雑な手続き。
13 危惧する。
14 娯楽施設
15 しつこい勧誘。

1

1	5	9	13
2	6	10	14
3	7	11	15
4	8	12	

各2点

2 カタカナを漢字に直しなさい。

1 虫をトる。
2 ケンチョな違い。
3 空気がカンソウする。
4 じっとタえる。
5 寒さのカンワ。
6 的をネラう。
7 事故にアう。
8 カベを白くぬる。
9 具体とチュウショウ。
10 けがのチリョウ。
11 ジヒ深い人。
12 ソボクな疑問。
13 通行をサマタげる。
14 練習にアきる。
15 コンイン届を出す。

2

1	5	9	13
2	6	10	14
3	7	11	15
4	8	12	

各2点

3 単語に関する、次の問いに答えなさい。

(1) 次の――線の単語の品詞名を後から選び、記号で答えなさい。

❶ 友達が本を読む。　❷ 本をゆっくり読む。

❸ 静かな部屋で寝る。　❹ 大きな書店ができた。

❺ 雨だ。しかし出かけよう。　❻ もしもし、山本です。

ア 副詞　イ 接続詞　ウ 連体詞
エ 名詞　オ 感動詞　カ 形容動詞

(2) 次の――線の名詞の種類を後から選び、記号で答えなさい。

①私の②学校では、読書シールがもらえる③ことになっている。私は、④夏目漱石《なつめそうせき》の「⑤坊っちゃん」を読んで⑥五枚目をもらった。

ア 普通名詞　イ 代名詞　ウ 固有名詞
エ 数詞　オ 形式名詞

(3) 次の――線の副詞の種類を後から選び、記号で答えなさい。

❶ カレーはとても辛い。　❷ 決して泣いてはいけない。

❸ まるで雪のように白い。　❹ 妹がいきなり笑い出した。

ア 状態の副詞　イ 程度の副詞　ウ 呼応の副詞

(4) 次の――線の接続詞の種類を後から選び、記号で答えなさい。

❶ 今日も暑いね。さて、授業を始めようか。

❷ 少し熱がある。けれども、学校は休まない。

❸ 自転車で行こうか。それとも、歩いて行こうか。

❹ 目覚まし時計が鳴らなかった。だから、遅刻した。

ア 順接　イ 逆接　ウ 選択　エ 転換

3

(1)	(2)	(3)	(4)
❶	❶	❶	❶
❷	❷	❷	❷
❸	❸	❸	❸
❹	❹	❹	❹
❺	❺		
❻	❻		
各2点	各2点	各2点	各2点

テストに出る

● 自立語の種類

	品詞	性質	例
活用がある	動詞	動作・変化・存在を表し、言い切りが「ウ」段になる	歌う 書く
	形容詞	状態・性質を表し、言い切りが「い」で終わる	美しい 短い
	形容動詞	状態・性質を表し、言い切りが「だ」で終わる	静かだ きれいだ
活用がない	名詞	「が・は・も」を伴《ともな》い主語になる	たこ・私
	副詞	主に連用修飾語になる	よく・もし
	連体詞	連体修飾語になる	ある・この
	接続詞	前後の文や語をつなぐ	また・だが
	感動詞	応答・呼びかけ・感動を表す	ああ・ねえ

Step 1

「自分で考える時間」をもとう

15分

❶ 文章を読んで、問いに答えなさい。

▼教64ページ上10行～65ページ上10行

私たちが日常的に接している新聞や書籍、テレビ番組、インターネットの情報も、同じように編集されています。ここでは、①テレビのニュースを例に考えてみましょう。

朝のニュースは、会社や学校に出かける前の人たちに向け、前日の夜までに起きた出来事と、当日の予定を中心に伝えます。いっぽう、夜のニュースは、仕事帰りの人たちに向けた、政治や経済、国際問題などの話題が多くなります。深夜のニュースでは、夜に行われたスポーツの最新情報が入ってくるでしょう。同じ放送局でも、時間帯によって、ニュースの扱いは異なるのです。

また、同じ時間帯でも、放送局が異なれば、扱うニュースは違ってきます。経済を大きく扱う放送局もあれば、スポーツを重点的に放送するところもあります。

さらに、東京の放送局と大阪の放送局では、取り上げるニュースの項目も違います。プロ野球のどの球団を大きく取り上げるかも、地域によって異なるでしょう。

②これらの違いに加え、各担当者の判断や、時には好みによっても編集のしかたは変わってきます。

だからといって、そのニュースが間違っているわけではありません。人間のすることですから、③違いが出るのは当然なのです。

(1) ——線①「テレビのニュースを例に考えてみましょう」とありますが、何について考えるのですか。これについて説明した次の文の□に当てはまる言葉をそれぞれ二字で抜き出しなさい。

□□されている□□について。

(2) 次の説明は❶朝のニュース、❷夜のニュース、❸深夜のニュースのどれについてのものですか。それぞれ記号で答えなさい。

ア 政治や経済、国際問題などの話題を多く伝える。
イ スポーツの最新情報を多く伝える。
ウ 前日の出来事と当日の予定を伝える。

❶（　） ❷（　） ❸（　）

(3) ——線②「これらの違い」とありますが、何によるニュースの違いですか。これについて説明した次の文の□に当てはまる言葉を書きなさい。

□□□と□□によるニュースの違い。

(4) ——線③「違いが出るのは当然」とありますが、一方で、筆者があってはならないこととして批判しているのはどのようなことですか。二つ探し、初めと終わりの四字をそれぞれ抜き出しなさい。

ただ、あってはならないことですが、時にはミスから誤った情報が入り込むことや、どちらかの立場に肩入れした情報を伝えることもありえます。近年では、④「フェイクニュース」という、事実無根のにせのニュースもインターネット上に出現し、社会の混乱を招いています。

大事なことは、大量の情報に押し流されず、まずは情報を疑ってみること。情報を見たり聞いたりしたら、すぐにうのみにせず、「この情報をどう考えたらよいだろう。自分なら、違う取り上げ方をするかもしれない。」などと自分で考える時間をもつようにしましょう。また、一つのメディアのみではなく、複数のメディアに当たることも、情報を整理し、冷静に考える助けになります。

池上　彰「『自分で考える時間』をもとう」より

(5) ――線④「フェイクニュース」とはどのようなものですか。「……ニュース。」に続く形で、八字で抜き出しなさい。

ニュース。

(6) 筆者は、正しい情報を得るためにはどのようにすることが大切だと述べていますか。次から一つ選び、記号で答えなさい。

ア　情報をうのみにせず、複数のメディアに当たって情報を整理し、冷静に考えること。

イ　信用できる放送局の情報に限定して情報を取り入れ、大量の情報に押し流されないこと。

ウ　現実に自分の目で見て確認した情報以外はうそではないかと疑い、よく調べてみること。

ヒント

(3) 前の二つの段落の内容を整理しよう。

(6) 最後の段落に、筆者の考えがまとめられている。「……しないで……する」という言い方に注意しよう。

扱うニュースは、どんなことで変わってくるのかな。

Step 1

短歌に親しむ／短歌を味わう

15分

❶ 文章を読んで、問いに答えなさい。

▼教 68ページ7行～69ページ9行、72ページ

A　くれなゐ《(イ)》の二尺伸びたる薔薇《ばら》の芽の①針やは《(ワ)》らかに春雨《はるさめ》のふる

正岡子規《まさおかしき》

四季の変化に富む日本では、季節の情感を大切にしながら短歌が作られてきました。この歌は「くれなゐ」（紅色《べにいろ》）という色彩《しきさい》や「二尺」（約六十・六センチメートル）という長さによって、薔薇の芽を丁寧に描写しています。さらに、薔薇のとげを「針」と表現し、「針やはらかに」と続けたところが巧みです。新芽のとげのみずみずしく柔らかな様子が伝わってきます。「くれなゐの」「薔薇の芽の」「春雨の」と、助詞「の」が続いていることも、歌に優しさを添えています。

B　夏のかぜ山よりきたり三百の牧の若馬②耳ふかれけり

与謝野晶子《よさのあきこ》

こちらも季節感が生き生きと伝わってくる歌です。牧場の若い馬たちが気持ちよさそうに風に吹かれています。「三百」は、たくさんという意味で使われていますが、「たくさんの牧の若馬」よりも「三百の牧の若馬」と表現したほうが鮮やかな印象を残します。数

(1) Aの歌について、問いに答えなさい。

❶ ——線①「針やはらかに」とありますが、何を針にたとえていますか。五字で抜き出しなさい。

❷ 針にたとえることによって、どのような様子を表現していますか。十八字で探し、初めの四字を抜き出しなさい。

(2) Bの歌について、問いに答えなさい。

❶ ——線②「耳ふかれけり」とありますが、何にふかれたのですか。四字で抜き出しなさい。

❷ ——線③「こうした動き」とありますが、何の動きですか。二字で抜き出しなさい。

(3) Cの歌について、問いに答えなさい。

❶ 作者は「白鳥」の気持ちについて、どう思っていますか。次から一つ選び、記号で答えなさい。

ア　かなしくはないだろう。
イ　きっとかなしいに違いない。
ウ　いつかはかなしくなるはずだ。

量や順序を示す語を「数詞」といいますが、ここでは数詞を生かすことで情景に臨場感が備わっているといえるでしょう。遠い山に向けられていた視線が、やがて牧場へとくだり、最後には目の前の若馬の耳に移っていきます。③こうした動きが歌の中に爽やかな流れを作り、言葉の背後から生命への賛歌が聞こえてくるようです。

C　白鳥はかなしからずや空の青海のあを(オ)にも染まずただよふ(ウ)　若山牧水《わかやまぼくすい》

D　観覧車回れよ回れ想《おも》ひ(イ)出は④君には一日《ひとひ》我には一生《ひとよ》　栗木京子《くりききょうこ》

栗木　京子「短歌に親しむ」／「短歌を味わう」より

2 この歌についての説明を次から一つ選び、記号で答えなさい。

ア　空に溶け込むように飛ぶ白鳥の姿を、生き生きと描写している。
イ　周囲になじまず孤高《ここう》に生きる白鳥に、自分を重ね合わせている。
ウ　白鳥の命が尽きようとする様子を、悲しい思いで見守っている。

(4) Dの短歌の――線④「君には一日我には一生」には、作者のどのような思いが込められていますか。次から一つ選び、記号で答えなさい。

ア　君との別れが近づいていることを予感している。
イ　恋《こい》の始まりを感じて、心が浮き立っている。
ウ　今日の思い出は一生のものだとかみしめている。

(5) B・C・Dの短歌は、すべて句切れが同じです。何句切れですか。漢数字で答えなさい。

＿＿句切れ

ヒント

(3) 1 「かなしからずや」は、直訳すると「かなしくはないのだろうか」という意味である。

すべて青の風景の中で、白鳥だけが白なんだね。

(4) 今日の思い出の重さは、きっと「君」と「我」では違うのだろうと思っている。

Step 1

言葉の力

15分

❶ 文章を読んで、問いに答えなさい。

▼㊙74ページ9行〜75ページ17行

京都の嵯峨《さが》に住む染織家《せんしょくか》志村《しむら》ふくみさんの仕事場で話していたおり、志村さんが①なんとも美しい桜色に染まった糸で織った着物を見せてくれた。そのピンクは、淡いようでいて、しかも燃えるような強さを内に秘め、華やかでしかも深く落ち着いている色だった。その美しさは目と心を吸い込むように感じられた。

「②この色は何から取り出したんですか。」

「桜からです。」

と志村さんは答えた。③素人《しろうと》の気安さで、私はすぐに桜の花びらを煮詰めて色を取り出したものだろうと思った。実際はこれは桜の皮から取り出した色なのだった。あの黒っぽいごつごつした桜の皮からこの美しいピンクの色がとれるのだという。志村さんは続けてこう教えてくれた。この桜色は、一年中どの季節でもとれるわけではない。桜の花が咲く直前の頃、山の桜の皮をもらってきて染めると、こんな、上気したような、えもいわれぬ色が取り出せるのだ、と。

私はその話を聞いて、体が一瞬揺らぐような④不思議な感じに襲われた。春先、もうまもなく花となって咲き出《い》でようとしている桜の木が、花びらだけでなく、木全体で懸命になって最上のピンクの色になろうとしている姿が、私の脳裏に揺らめいたからである。花びらのピンクは、幹のピンクであり、樹皮のピンクであり、樹液のピ

(1) ――線①「なんとも美しい桜色」とありますが、具体的にはどのような色ですか。それを説明した部分を四十字前後で探し、初めと終わりの四字を抜き出しなさい。

〜

(2) ――線②「この色」は、どのように取り出したものですか。次から一つ選び、記号で答えなさい。

ア 花が咲いていない冬の季節の山の桜の皮から取り出したもの。
イ 花が咲く直前の山の桜の皮から取り出したもの。
ウ 花が散る直前の山の桜の花びらを煮詰めて取り出したもの。
エ 花が散った後の山の桜の木の葉から取り出したもの。

( )

(3) ――線③「素人」とありますが、「素人」と対照的な意味で用いられている言葉を抜き出しなさい。

( )

(4) ――線④「不思議な感じに襲われた」とありますが、それはなぜですか。その理由が書かれた一文を探し、初めと終わりの四字を抜き出しなさい。(句読点を含む。)

〜

ンクであった。桜は全身で春のピンクに色づいていて、花びらはいわば⑤それらのピンクが、ほんの尖端《せんたん》だけ姿を出したものにすぎなかった。

考えてみれば⑥これはまさにそのとおりで、木全体の一刻も休むことない活動の精髄が、春という時節に桜の花びらという一つの現象になるにすぎないのだった。しかしわれわれの限られた視野の中では、桜の花びらに現れ出たピンクしか見えない。たまたま志村さんのような人がそれを樹木全身の色として見せてくれると、はっと驚く。

大岡　信「言葉の力」〈「ことばの力」の一部に、筆者が加筆したもの〉より

(5) ――線⑤「それらのピンク」とありますが、何を指しますか。具体的に述べた言葉を、三つ抜き出しなさい。

（　　　）
（　　　）
（　　　）

(6) ――線⑥「これはまさにそのとおり」とありますが、どういうことですか。これについて説明した次の文の□に当てはまる言葉を抜き出しなさい。

桜の花びらの色は、木が全身で色づいた□□□□□が□□□□□として姿を見せたものにすぎないこと。

ヒント

(3) 「素人」は、筆者のこと。何についての「素人（プロではない人）」としてこのような発言をしたのかを考えよう。

(6) 筆者が「そのとおり」だと感心したのは、桜の花びらのピンクが桜にとってどういうものなのかということに、志村さんの話で気づいたからである。

目に見えるピンク以外のピンクがあるんだね。

Step 2 言葉Ⅰ 類義語・対義語・多義語（メディアを比べよう〜翻訳作品を読み比べよう）

20分

／100

目標 75点

1 ――部の漢字の読み仮名を書きなさい。

1 母に宛てた手紙。
2 台風の避難所。
3 記事の掲載。
4 書籍の出版。
5 丁寧に扱う。
6 優しい人。
7 牧に馬を放つ。
8 爽やかな風。
9 白い水仙。
10 我が物顔をする。
11 脳裏に焼き付く。
12 秘めた思い。
13 廉価な商品。
14 真摯な態度。
15 軽率な行動。

1

1	2	3	4
5	6	7	8
9	10	11	12
13	14	15	

各2点

2 カタカナを漢字に直しなさい。

1 カツヤクする。
2 大会をカイサイする。
3 マンガを読む。
4 ヒガイが出る。
5 気持ちをタクす。
6 絵画のカンショウ。
7 アザやかな色合い。
8 キョウリュウの時代。
9 ユウゼンと歩く。
10 イッテキの水。
11 豊富なゴイ。
12 アワい水色。
13 ハナやかに着飾る。
14 魚をニる。
15 セイズイを究める。

2

1	2	3	4
5	6	7	8
9	10	11	12
13	14	15	

各2点

❸ 対義語と類義語に関する、次の問いに答えなさい。

❶～❹は対義語の組になるように、❺～❽は類義語の組になるように、（　）から正しい言葉を選びなさい。

❶ 気温が高い　⇕　気温が（低い・安い）

❷ 本を開く　⇕　本を（閉じる・閉める）

❸ 荷物を棚に上げる　⇕　荷物を棚から（下ろす・下げる）

❹ くつをぬぐ　⇕　くつを（はく・着る）

❺ 机の隅　＝　机の（端・底）

❻ 旅行の準備をする　＝　旅行の（用意・予定）をする

❼ 値段が上がる　＝　（品質・価格）が上がる

❽ 書籍を買う　＝　（辞書・書物）を買う

❸	
❶	❷
❸	❹
❺	❻
❼	❽

各3点

❹ 多義語に関する、次の問いに答えなさい。

次の□に共通して入る言葉を後から選び、記号で答えなさい。

❶ かぜを□。幕を□。ピアノを□。

❷ 石は□。表情が□。□決意。

❸ □言葉。□クッキー。妹に□。

❹ 波風を□。看板を□。目標を□。

ア 立てる　イ かける　ウ ひく

エ 甘い　オ 固い

❹
❶
❷
❸
❹

各4点

テストに出る

類義語　似た意味をもつ語のグループ。
例 両親―父母、開ける―開く

対義語　意味が反対の関係や対の関係にある二語。
例 右―左、短い―長い

多義語　一つの語で多くの意味や用法をもつ語。
例 すもうを取る／出席を取る

Step 1

盆土産《みやげ》

15分

1 文章を読んで、問いに答えなさい。

▼教 96ページ19行〜98ページ8行

　土間の上がり框《かまち》で、土産の紙袋の口を開けてみて、まず、盛んに湯気を噴き上げる氷にびっくりさせられた。ぶっかき氷にしては不透明で白すぎる、なにやら砂糖菓子のような塊が大小合わせて十個ほどもビニール袋に入っているので、これも土産の一つかと思って袋の口をほどいてみると、とたんに中から、もうもうと湯気のようなものが噴き出てきたのだ。びっくりして袋を取り落としたはずみに、中の塊が一つ飛び出した。

「①あ、もったいない。」

と姉が言うので、急いで拾おうとすると、ちょうど囲炉裏の灰の中から掘り出したばかりの焼き栗《ぐり》をせっかちにつまんだときのように、指先がひりっとして、二度びっくりさせられた。そのうえ②そいつのほうから指先に吸い付いてくるので、慌てて強く手を振ると、③そいつは板の間を囲炉裏の方まで転げていった。

「そったらもの、食っちゃなんねど。それはドライアイスつうもんだ。」

と、父親が炉端から振り向いて言った。

　父親の話によれば、ドライアイスというのは空気に触れると白い煙になって跡形もなくなる氷だという。軽くて、とけても水にならないから、紙袋の中を冷やしたりするのに都合がいい。東京の上野《うえの》

(1) ——線①「あ、もったいない」という姉の言葉から、姉がドライアイスをどのようなものだと思っていたことがわかりますか。次から一つ選び、記号で答えなさい。

ア　えびフライを食べるときに必要なもの。
イ　父親の土産の中の一つの食べ物。
ウ　めったに手に入らない貴重なもの。

（　　）

(2) ——線②・③「そいつ」とドライアイスのことを表現しているところから、どのようなことが読み取れますか。次から一つ選び、記号で答えなさい。

ア　思いどおりにならないドライアイスに腹を立てている。
イ　未知のドライアイスを生き物のように感じ驚いている。
ウ　貴重なドライアイスをむだにしてがっかりしている。

（　　）

(3) ——線④「そんなにまでして」とは、どのようにしたのですか。四十字以内で探し、初めと終わりの四字を抜き出しなさい。

□□□□〜□□□□

(4) ——線⑤「家へ帰り着くまでに」とありますが、家はどのような場所にあるのですか。それがわかる一続きの二文の初めと終わりの四字を抜き出しなさい。（句読点を含む。）

□□□□〜□□□□

駅から近くの町の駅までは、夜行でおよそ八時間かかる。それからバスに乗り換えて、村にいちばん近い停留所まで一時間かかる。それで父親は、そのドライアイスをビニール袋にどっさりもらって、道中それを小出しにしながら来たのだという。

④そんなにまでして紙袋の中を冷やし続けなければならなかった訳は、袋の底から平べったい箱を取り出してみて、初めてわかった。その箱の蓋には、『冷凍食品　えびフライ』とあり、中にパン粉を付けて油で揚げるばかりにした大きなえびが、六尾並んでいるのが見えていた。えびフライといっても、まだ生ものだから、父親は⑤家へ帰り着くまでに鮮度が怪しくなったらいけないと思い、ただこの六尾のえびだけのために、一晩中、眠りを寸断して冷やし続けながら帰ってきたのだ。

それにしても、箱の中のえびの大きさには、姉と二人で目をみはった。こんなに大きなえびがいるとは知らなかった。今朝釣ってきた雑魚のうちでいちばん大きなやつよりも、ずっと大きいし、よく肥えている。

「ずんぶ大きかえん？　これでも頭は落としてある。」

父親は、満足そうに⑥毛ずねをぴしゃぴしゃたたきながら言った。いったいどこの沼で捕れたえびだろうかと尋ねてみると、沼ではなくて海で捕れたえびだと父親は言った。

三浦　哲郎「盆土産」〈「冬の雁《がん》」〉より

(5) ――線⑥「毛ずねを……たたきながら言った」について、問いに答えなさい。

❶ 父親は子どもたちのどのような様子を見てこの動作をしたのですか。これについて説明した次の文の□に当てはまる言葉を抜き出しなさい。

箱の中に入っていた□□□□□□を見て、二人が□□□□□□様子。

❷ ここから読み取れる父親の気持ちを次から一つ選び、記号で答えなさい。

ア　子供たちがえびフライのことをよく知らなかったのが残念だ。
イ　子供たちが喜んでいるので、自分でえびを釣ったことにしよう。
ウ　苦労したが、やはりえびフライを持って帰ってきてよかった。

ヒント

(3) 父親が、どうにかして生もののえびフライを子どもたちのところまで持ち帰ろうとしたことがわかる。

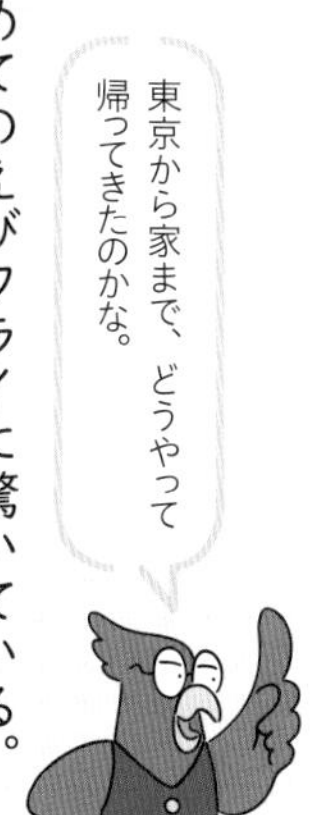
東京から家まで、どうやって帰ってきたのかな。

(5) 主人公も姉も、初めてのえびフライに驚いている。それを見ている父親の気持ちを考えよう。

Step 2

盆土産《みやげ》

20分

／100
目標 75点

❶ 文章を読んで、問いに答えなさい。思

▼教101ページ6行～103ページ7行

午後から、みんなで、死んだ母親が好きだったコスモスとききょうの花を摘みながら、共同墓地へ墓参りに出かけた。①盛り土の上に、ただ丸い石を載せただけの小さすぎる墓を、せいぜい色とりどりの花で埋めて、供え物をし、細く裂いた松の根で迎え火をたいた。

祖母は、墓地へ登る坂道の途中から絶え間なく念仏を唱えていたが、祖母の南無阿弥陀仏《なむあみだぶつ》は、いつも『なまん、だあうち』というふうに聞こえる。ところが、墓の前にしゃがんで迎え火に松の根をくべ足していたとき、②祖母の『なまん、だあうち』の合間に、ふと、

「えんびフライ……。」

という言葉が混じるのを聞いた。

祖母は歯がないから、言葉はたいがい不明瞭だが、そのときは確かに、えびフライではなくえんびフライという言葉をもらしたのだ。

祖母は昨夜の食卓の様子を（えびのしっぽが喉につかえたことは抜きにして）祖父と母親に報告しているのだろうかと思った。そういえば、祖父や母親は生きているうちに、えびのフライなど食ったことがあったろうか。祖父のことは知らないが、まだ田畑を作っている頃に早死にした母親は、あんなにうまいものは一度も食わずに死んだのではなかろうか――そんなことを考えているうちに、③なんとなく墓を上目でしか見られなくなった。父親は、少し離れた崖っ

(1) ――線①「盛り土の上に……小さすぎる墓」とありますが、ここから一家のどのような様子が読み取れますか。

(2) ――線②「祖母の……を聞いた」とありますが、祖母はなぜこのようなことを言っていたと考えられますか。

点UP

(3) ――線③「なんとなく……見られなくなった」ときの主人公の心情を次から一つ選び、記号で答えなさい。

ア 自分だけおいしいものを食べたことを、申し訳なく思っている。

イ 母親もおいしいものを食べたはずだと、自分の心を慰《なぐさ》めている。

ウ 母親においしいものを食べさせなかった父親に憤《いきどお》っている。

(4) ――線④「こんだ正月に……ゆっくり」とありますが、ここから父親の息子に対するどのような思いが読み取れますか。

点UP

(5) ――線⑤「なぜだか不意にしゃくり上げそうになって」とありますが、主人公がこのようになった理由を書きなさい。

(6) ――線⑥「冬だら、……いらねべな」とありますが、主人公がこう言った理由を次から一つ選び、記号で答えなさい。

ア 次の帰省でもエビフライを買ってほしかったから。

イ 父が高いドライアイスを買うことを心配したから。

ウ 泣きそうになったことをごまかそうとしたから。

(7) ――線⑦「えんびフライ」とありますが、主人公にとって、この言葉にはどのような意味が込められていると考えられますか。「家族」という言葉を使って書きなさい。

ぷちに腰を下ろして、黙ってたばこをふかしていた。

父親が夕方の終バスで町へ出るので、独りで停留所まで送っていった。谷間はすでに日がかげって、雑魚《ざこ》を釣った川原では早くも河鹿《かじか》が鳴き始めていた。村外れのつり橋を渡り終えると、父親はとって付けたように、

「④こんだ正月に帰るすけ、もっとゆっくり。」

と言った。すると、⑤なぜだか不意にしゃくり上げそうになって、とっさに、

「⑥冬だら、ドライアイスもいらねべな。」

と言った。

「いや、そうでもなかべおん。」と、父親は首を横に振りながら言った。「冬は汽車のスチームがききすぎて、汗こ出るくらい暑いすけ。ドライアイスだら、夏どこでなくいるべおん。」

それからまた、停留所まで黙って歩いた。

バスが来ると、父親は右手でこちらの頭をわしづかみにして、

「んだら、ちゃんと留守してれな。」

と揺さぶった。それが、いつもより少し手荒くて、それで頭が混乱した。んだら、さいなら、と言うつもりで、うっかり、

「⑦えんびフライ。」

と言ってしまった。

バスの乗り口の方へ歩きかけていた父親は、ちょっと驚いたように立ち止まって、苦笑いした。

三浦　哲郎「盆土産」〈「冬の雁《がん》」〉より

2 ――線のカタカナを漢字で書きなさい。

① かえるがハねる。

② サクを乗り越える。

③ 肉をレイトウする。

④ 魚がコげる。

1

(1)	(2)	(3)	(4)	(5)	(6)	(7)
10点	10点	10点	10点	15点	10点	15点

2

①	②	③	④

各5点

成績評価の観点　思…思考・判断・表現

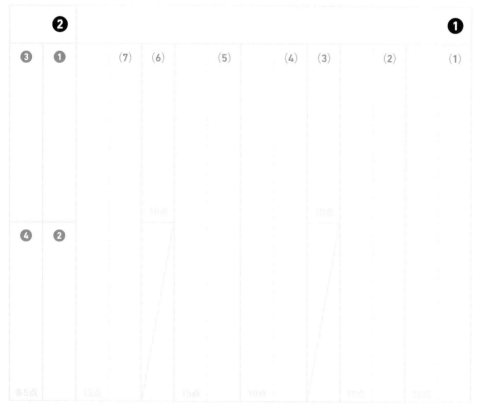

Step 1

字のない葉書《はがき》

15分

1 文章を読んで、問いに答えなさい。

▼㊎106ページ1行〜107ページ6行

死んだ父は①筆まめな人であった。

私が女学校一年で初めて親元を離れたときも、三日にあげず手紙をよこした。当時保険会社の支店長をしていたが、一点一画もおろそかにしない大ぶりの筆で、

「向《むこう》田《だ》邦《くに》子《こ》殿」

と書かれた表書きを初めて見たときは、②ひどくびっくりした。父が娘宛ての手紙に「殿」を使うのは当然なのだが、つい四、五日前まで、

「おい、邦子!」

と呼び捨てにされ、「ばかやろう!」の罵声やげんこつは日常のことであったから、突然の変わりように、こそばゆいような晴れがましいような気分になったのであろう。

文面も、折り目正しい時候の挨拶に始まり、新しい東京の社宅の間取りから、庭の植木の種類まで書いてあった。文中、私を貴女《あなた》とよび、

「貴女の学力では難しい漢字もあるが、勉強になるからまめに字引を引くように。」

という訓戒も添えられていた。

ふんどし一つで家中を歩き回り、大酒を飲み、かんしゃくを起こして母や子供たちに手を上げる父の姿はどこにもなく、威厳と愛情

(1) ——線①「筆まめ」の意味を次から一つ選び、記号で答えなさい。

ア 美しい字を書く人。　イ 手紙をよく書く人。

ウ 字が小さく読みづらい人。

(　)

(2) ——線②「ひどくびっくりした」とありますが、筆者はどのようなことにびっくりしたのですか。次から一つ選び、記号で答えなさい。

ア 離れて暮らし始めた父から、思いがけず手紙をもらったこと。

イ 手紙の中の父が、自分の知る父とはまったく違っていたこと。

ウ 粗暴な父に、きちんとした手紙を書くような教養があったこと。

(　)

(3) 父からの手紙を見た筆者は、どのような気持ちになりましたか。「……気持ち。」に続くように、十七字で抜き出しなさい。

□□□□□□□□□□□□□□□□□ 気持ち。

(4) 筆者は、手紙の中の父をどのような人物だと感じましたか。二十字前後で探し、初めと終わりの四字をそれぞれ抜き出しなさい。

□□□□ 〜 □□□□

にあふれた非の打ちどころのない父親がそこにあった。
　暴君ではあったが、反面照れ性でもあった父は、他人行儀という形でしか十三歳の娘に手紙が書けなかったのであろう。もしかしたら、日頃気恥ずかしくて演じられない父親を、手紙の中でやってみたのかもしれない。

向田　邦子「字のない葉書」〈「眠る盃《さかずき》」〉より

(5) (4)に対し、筆者の知る実際の父はどのような人物でしたか。「……な人物。」に続くように、十四字で抜き出しなさい。

□□□□□□□□□□□□□□な人物。

(6) 筆者は、父が突然自分にこのような改まった手紙を送ってきた理由を、どう考えていますか。当てはまらないものを次から一つ選び、記号で答えなさい。

ア 手紙の中だけでも、自分が理想とするような父親像を演じてみたかったから。
イ 初めて親元を離れた娘が心配で、娘からも手紙を送ってほしかったから。
ウ 普段の自分と同じ態度では、照れくさくて娘に手紙など書けなかったから。

（　　）

ヒント

(2) いつもは自分を呼び捨てにする父から、初めて「向田邦子殿」と書かれた手紙をもらった「私」の心情を捉える。

(6) 父親が改まった手紙を送ってきた理由を、筆者はあれこれ推測している。

「当てはまらない」ものを選ぶことに注意しよう。

Step 2

字のない葉書《はがき》

/100
目標 75点

1 文章を読んで、問いに答えなさい。思

▼教107ページ14行〜108ページ18行

終戦の年の四月、小学校一年の①末の妹が甲府《こうふ》に学童疎開をすることになった。すでに前の年の秋、同じ小学校に通っていた上の妹は疎開をしていたが、下の妹はあまりに幼く不憫《ふびん》だというので、両親が手放さなかったのである。ところが、三月十日の東京大空襲で、家こそ焼け残ったものの命からがらのめに遭い、このまま一家全滅《ぜんめつ》するよりは、と心を決めたらしい。

妹の出発が決まると、暗幕を垂らした暗い電灯の下で、母は当時貴重品になっていたキャラコで肌着を縫って名札を付け、父はおびただしい葉書にきちょうめんな筆で自分宛ての宛名を書いた。

②「元気な日はマルを書いて、毎日一枚ずつポストに入れなさい。」

と言ってきかせた。妹は、まだ字が書けなかった。

宛名だけ書かれたかさ高な葉書の束をリュックサックに入れ、雑炊用の丼を抱えて、妹は遠足にでも行くようにはしゃいで出かけていった。

一週間ほどで、初めての葉書が着いた。紙いっぱいはみ出すほどの、威勢のいい赤鉛筆の大マルである。付き添っていった人の話では、地元婦人会が赤飯やぼた餅を振る舞って歓迎してくださったとかで、かぼちゃの茎まで食べていた東京に比べれば大マルにちがいなかった。

(1) ——線①「末の妹が甲府に学童疎開をすることになった」について、答えなさい。

1 両親は、なぜこれまで末の妹を疎開させなかったのですか。十五字以内で答えなさい。

2 妹はなぜ学童疎開をすることになったのですか。「命」という言葉を使い、両親の気持ちも考えて答えなさい。

点UP

(2) ——線②「元気な日は……ポストに入れなさい」とありますが、父親はなぜこのように言ったのですか。その理由がわかる一文を抜き出しなさい。

(3) 妹の疎開について、心配する家族とは対照的な妹の様子を描写した部分を二十二字で探し、初めと終わりの三字を抜き出しなさい。(句読点は含まない。)

点UP

(4) ——線③「マルは急激に小さくなっていった」とありますが、このことから妹のどのような様子がわかりますか。次から一つ選び、記号で答えなさい。

ア 両親が心配して迎えに来るよう、わざとマルを小さく書く様子。
イ 急に元気がなくなり、不安や寂しさが大きくなっている様子。
ウ 帰りたいのを我慢していたが、それも限界に近くなった様子。

(5) ——線④「二十数個のかぼちゃを一列に客間に並べた」とありますが、なぜ「私」と弟はそのようにしたのですか。文章中の言葉を使って、二人の気持ちを答えなさい。

ところが、次の日から③マルは急激に小さくなっていった。情けない黒鉛筆の小マルは、ついにバツに変わった。その頃、少し離れた所に疎開していた上の妹が、下の妹に会いに行った。

　下の妹は、校舎の壁に寄り掛かって梅干しの種をしゃぶっていたが、姉の姿を見ると、種をぺっと吐き出して泣いたそうな。

　まもなくバツの葉書も来なくなった。三月目に母が迎えに行ったとき、百日ぜきをわずらっていた妹は、しらみだらけの頭で三畳の布団《ふとん》部屋に寝かされていたという。

　妹が帰ってくる日、私と弟は家庭菜園のかぼちゃを全部収穫した。小さいのに手をつけると叱る父も、この日は何も言わなかった。私と弟は、ひと抱えもある大物からてのひらに載るうらなりまで、④二十数個のかぼちゃを一列に客間に並べた。これぐらいしか妹を喜ばせる方法がなかったのだ。

向田　邦子「字のない葉書」〈「眠る盃《さかずき》」〉より

❷ ――線のカタカナを漢字で書きなさい。

❶ 田中ドノへの手紙。
❷ 朝のアイサツ。
❸ 他人ギョウギな態度。
❹ 大声でサケぶ。

❶					❷
(1) ❶ 15点 ❷ 15点	(2) 10点	(3) ～ 10点	(4) 10点	(5) 20点	❶ ❷ ❸ ❹ 各5点

成績評価の観点　思…思考・判断・表現

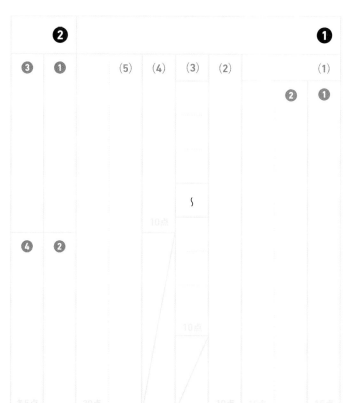

Step 2

言葉2 敬語
（盆土産《みやげ》～言葉2）

20分

／100
目標 75点

❶ ――部の漢字の読み仮名を書きなさい。

1 盆に帰省する。
2 訂正する。
3 魚を釣る。
4 生そばをゆでる。
5 変化が著しい。
6 小さな粒。
7 心を病む。
8 砂糖の塊。
9 偉そうな態度。
10 精進する。
11 食卓を囲む。
12 車掌の合図。
13 照れ性な人。
14 きれいな肌。
15 雑炊を食べる。

❶ 1 2 3 4 5 6 7 8 9 10 11 12 13 14 15 各2点

❷ カタカナを漢字に直しなさい。

1 ナスをツける。
2 ビンカンな反応。
3 トウトツな雨。
4 イロリの火。
5 水がニゴる。
6 おいしいかきアげ。
7 えびをすりツブす。
8 岩をクダく。
9 ワンキョクした板。
10 フタをする。
11 チミツな計画。
12 アイサツをする。
13 ギョウギをよくする。
14 ハンカチをヌう。
15 ぼたモチを食べる。

❷ 1 2 3 4 5 6 7 8 9 10 11 12 13 14 15 各2点

❸ 敬語に関する次の問いに答えなさい。

(1) 次のような場合に、A使うとよい敬語の種類と、Bその敬語を用いている例文を後から一つずつ選び、記号で答えなさい。

❶ 目上の人の動作について言う場合。
❷ 知らない人に話しかける場合。
❸ 敬意を表すべき動作・行為が向かう先を必要とせず、聞き手に敬意を表す場合。
❹ 目上の人に対して自分の動作をへりくだって言う場合。
❺ 自分自身の言葉を美しく表現する場合。

［敬語の種類］
ア　丁寧語　　イ　尊敬語　　ウ　謙譲語
エ　丁重語　　オ　美化語

［例文］
ア　おしぼりをテーブルの上に置く。
イ　すみません。この電車は、大阪駅に行きますか。
ウ　先生がよろしくとおっしゃっていました。
エ　私が来賓の方を体育館までご案内します。
オ　私は、明日から、中国に参ります。

(2) 次の――線の言葉を適切な敬語の言い方に直しなさい。

❶ 冷めないうちにいただいてください。
❷ お買い上げの品は、お客様がお持ち帰りしますか。
❸ 当日は、私の父がお客様をご案内になります。
❹ 今日は先生の新作をご覧するのを楽しみにしていました。

❸			
(1)		(2)	
❶ A　B	❹ A　B	❶	❸
❷ A　B	❺ A　B	❷	❹
❸ A　B	各2点		各5点

テストに出る

● 敬語の種類

	種類	敬語の意味	例
丁寧語	**丁寧語**	話し手（書き手）が聞き手（読み手）に対して丁寧さを表す。	話します　本です
	※美化語	誰かに対する敬意ではなく、自分自身の言葉を美しく表現する。	お花　ごはん
尊敬語	**尊敬語**	話題の中で動作・行為をする人に対して敬意を表す。	召し上がる　おっしゃる
謙譲語	**謙譲語**	動作・行為が向かう先に対して敬意を表す。	伺う　拝見する
	※丁重語	聞き手（読み手）への敬意を表す。	おる　いたす

Step 2

漢字2 同じ訓・同じ音をもつ漢字

（盆土産《みやげ》～漢字に親しもう3）

20分

/100

目標 75点

1 ―部の漢字の読み仮名を書きなさい。

1 診察券を出す。
2 非礼を陳謝する。
3 感慨深い。
4 福祉の仕事。
5 倫理的な問題。
6 指揮を執る。
7 鐘が鳴る。
8 苦渋の決断。
9 自由を享受する。
10 みその醸造。
11 甘い蜂蜜。
12 煎茶を飲む。
13 燃料を充填する。
14 過剰な反応。
15 洗剤を使う。

1

1	5	9	13
2	6	10	14
3	7	11	15
4	8	12	

各2点

2 カタカナを漢字に直しなさい。

1 クシ焼きの店。
2 フキツな予感。
3 ヌマにはまる。
4 ダエキの働き。
5 ガケに立つ。
6 子どもをシカる。
7 大声でサケぶ。
8 ライヒンの皆様。
9 料理のハイゼン。
10 カイソウのサラダ。
11 栄養のセッシュ。
12 メンルイを好む。
13 カサクに選ばれる。
14 道のオウトツ。
15 部員をボシュウする。

2

1	5	9	13
2	6	10	14
3	7	11	15
4	8	12	

各2点

❸ 同じ訓・同じ音の漢字に関する次の問いに答えなさい。

(1) 次の（　）に入る漢字を後から選び、記号で答えなさい。

❶ 神前で結婚式を（　）げる。
❷ 料理の腕前を（　）げる。
❸ サッカー部の部長を（　）める。
❹ 遅刻をしないように早起きに（　）める。

ア 上　イ 揚　ウ 挙　エ 勤　オ 努　カ 務

(2) 次の意味に合う言葉を選び、記号で答えなさい。

❶ 最近は日の沈むのが（ア 早　イ 速）い。
❷ 血液を（ア 取　イ 採）って調べる。
❸ 暑くて喉が（ア 乾　イ 渇）いた。
❹ 鏡に顔を（ア 移　イ 映　ウ 写）す。
❺ 市民税を（ア 収　イ 修　ウ 納　エ 治）める。

(3) 次の文の片仮名の熟語を、[ ]の中の漢字を組み合わせて答えなさい。同じ漢字を何度使用してもかまいません。

❶ 優勝して実力をショウメイする。
❷ 部屋のショウメイを消す。
❸ 犯人が人質をカイホウする。
❹ 窓をカイホウして外気を入れる。

照	証	正	解	改
開	放	方	法	明

(4) 次の意味に合う言葉を選び、記号で答えなさい。

❶ 先生の（ア 指示　イ 支持）に従って集まる。
❷ （ア 以外　イ 意外）な結果に驚きを隠せない。
❸ 事故による損害を（ア 保障　イ 補償）する。
❹ この活動には大きな（ア 意義　イ 異義）がある。
❺ 姉と私は性格が（ア 対象　イ 対照）的だと言われる。

❸

(1)	(2)	(3)	(4)
❶	❶	❶	❶
❷	❷	❷	❷
❸	❸	❸	❸
❹	❹	❹	❹
	❺		❺
各2点	各2点	各3点	各2点

テストに出る

● 同じ訓読みをもつ漢字の使い分けの例

あつい　…「厚い（⇕薄い）」「暑い（⇕寒い）」「熱い（⇕冷たい）」
はかる　…「量る（容積や重さ）」「測る（高さ・長さ）」「計る（数量・時間）」「図る（くわだてる）」

● 同じ音読みをもつ漢字の使い分けの例

きょうい…「驚異（おどろきあやしむ）」「脅威（おびやかしおどす）」
かんしん…「感心（心を強く動かされる）」「関心（心を強くひかれる）」

Step 1

モアイは語る――地球の未来

15分

❶ 文章を読んで、問いに答えなさい。

▼教 128ページ9行～129ページ15行

　こうして、イースター島はしだいに食料危機に直面していくことになった。その過程で、イースター島の部族間の抗争も頻発した。①そのときに倒され破壊されたモアイ像も多くあったと考えられている。そのような経過をたどり、イースター島の文明は崩壊してしまった。モアイも作られることはなくなった。文明を崩壊させた根本的原因は、森の消滅《しょうめつ》にあったのだ。千体以上のモアイの巨像を作り続けた文明は、十七世紀後半から十八世紀前半に崩壊したと推定されている。

　②イースター島のこのような運命は、私たちにも無縁なことではない。

　日本列島において文明が長く繁栄してきた背景にも、国土の七十パーセント近くが森で覆われているということが深く関わっている。日本列島だけではない。地球そのものが、森によって支えられているという面もある。森林は、文明を守る生命線なのである。

　現代の私たちは、地球始まって以来の異常な③人口爆発の中で生きている。一九五〇年代に二十五億足らずだった地球の人口は、半世紀もたたないうちに、その二倍の五十億を突破してしまった。イースター島の急激な人口の増加は、百年に二倍の割合であったから、いかに現代という時代が異常な時代であるかが理解できよう。

(1) ――線①「そのとき」について、答えなさい。

❶ どのようなときですか。当てはまる言葉を抜き出しなさい。

□□□□に直面する過程で部族間の□□が頻発したとき。

❷ これはいつ頃のことですか。十四字で探し、初めの四字を抜き出しなさい。

□□□□

(2) ――線②「イースター島のこのような運命は、私たちにも無縁なことではない」とありますが、筆者がこのように考えるのはなぜですか。次から一つ選び、記号で答えなさい。

ア 日本もイースター島と同じく、森の消滅が深刻な事態を引き起こす可能性があるから。

イ 日本でもイースター島と同じように、国の中で争いが起こるかもしれないから。

ウ イースター島の文明の崩壊は、日本の文明にも大きな影響を与えたから。

(　　)

(3) ――線③「人口爆発」とありますが、筆者はこうした現代の急激な人口の増加が、どんな問題を引き起こすことを指摘していますか。十字で抜き出しなさい。

このまま人口の増加が続いていけば、二〇三〇年には八十億を軽く突破し、二〇五〇年には九十億を超えるだろうと予測される。しかし、地球の農耕地はどれほど耕しても二十一億ヘクタールが限界である。そして、二十一億ヘクタールの農耕地で生活できる地球の人口は、八十億がぎりぎりである。食料生産に関しての革命的な技術革新がないかぎり、地球の人口が八十億を超えたとき、食料不足や資源の不足が恒常化する危険性は大きい。

絶海の孤島のイースター島では、森林資源が枯渇《こかつ》し、島の住民が飢餓に直面したとき、どこからも食料を運んでくることができなかった。④地球も同じである。広大な宇宙という漆黒の海にぽっかりと浮かぶ青い生命の島、地球。その森を破壊し尽くしたとき、その先に待っているのはイースター島と同じ飢餓地獄である。とするならば、私たちは、今あるこの有限の資源をできるだけ効率よく、長期にわたって利用する方策を考えなければならない。それが、人類の生き延びる道なのである。

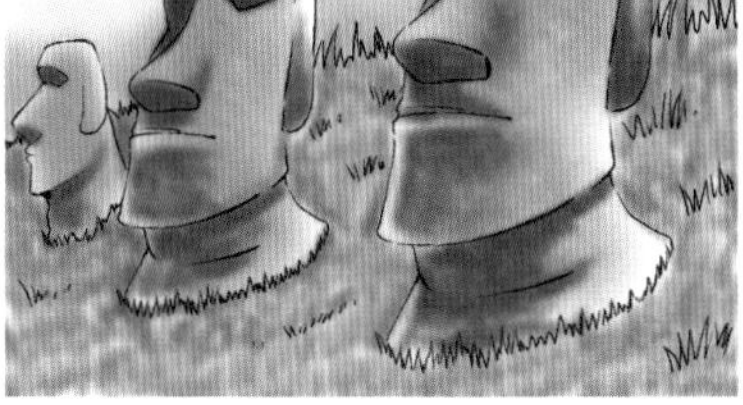

安田　喜憲「モアイは語る――地球の未来」より

(4) ――線④「地球も同じである」とありますが、筆者は地球とイースター島がどのような点で同じであると述べているのですか。次から一つ選び、記号で答えなさい。

ア　そこに生きる人たちが争いを始めれば、あっけなく滅《ほろ》んでしまうということ。

イ　深刻な飢餓が起これば、外部に救いを求めることはできないということ。

ウ　文明が発展すれば、それに伴って人口が増加するのは止められないということ。

(5) 筆者が最も強く主張したいことが述べられた一文を探し、初めの五字を抜き出しなさい。

ヒント

(2) 日本列島とイースター島はどのようなところが似ているのか、文明が繁栄した背景をもとに考えよう。

(5) 筆者は、地球がイースター島と同じ状況に陥らないためにはどうすればよいかを主張している。

Step 2

モアイは語る――地球の未来

20分

/100

目標 75点

1 文章を読んで、問いに答えなさい。思

▼教128ページ1行〜129ページ15行

かつて島が豊かなヤシの森に覆われていた時代には、土地も肥え、バナナやタロイモなどの食料も豊富だった。しかし、森が消滅《しょうめつ》するとともに、豊かな表層土壌が雨によって侵食され、流出してしまった。火山島はただでさえ岩だらけだ。その島において、表層土壌が流失してしまうと、もう主食のバナナやタロイモを栽培することは困難となる。おまけに木がなくなったため船を造ることもままならなくなり、たんぱく源の魚を捕ることもできなくなった。

　こうして、①イースター島はしだいに食料危機に直面していくことになった。その過程で、イースター島の部族間の抗争も頻発した。そのときに倒され破壊されたモアイ像も多くあったと考えられている。そのような経過をたどり、イースター島の文明は崩壊してしまった。モアイも作られることはなくなった。文明を崩壊させた根本的原因は、森の消滅にあったのだ。千体以上のモアイの巨像を作り続けた文明は、十七世紀後半から十八世紀前半に崩壊したと推定されている。

　②イースター島のこのような運命は、私たちにも無縁なことではない。

　日本列島において文明が長く繁栄してきた背景にも、国土の七十パーセント近くが森で覆われているということが深く関わっている。

(1) ――線①「イースター島はしだいに食料危機に直面していく」について、答えなさい。

❶ 食料危機の原因の根本は何ですか。文章中から四字で抜き出しなさい。

❷ ❶が食料危機につながったのはなぜですか。文章中の言葉を使って、二つに分けて説明しなさい。

点UP

(2) ――線②「イースター島のこのような運命」とありますが、どのようなことを指しますか。当てはまらないものを次から一つ選び、記号で答えなさい。

ア 豊かな文明が、あっけなく崩壊してしまったこと。

イ 深刻な食料危機が原因で、滅びてしまったこと。

ウ 部族内で頻繁に抗争が起き、人が殺し合ったこと。

(3) ――線③「地球」とありますが、筆者は地球がイースター島と同じ問題を抱えていると指摘しています。どのような問題ですか。文章中の言葉を使って、二つ書きなさい。

(4) ――線④「現代の私たちは……生きている」とありますが、このことは今後どのような問題をもたらすのですか。具体的な数字を挙げて、説明しなさい。

点UP

(5) ――線⑤「人類の生き延びる道」とありますが、筆者は、人類が生き延びるためにはどのようなことが必要だと考えていますか。文章中の言葉を使って説明しなさい。

日本列島だけではない。③地球そのものが、森によって支えられているという面もある。森林は、文明を守る生命線なのである。
④現代の私たちは、地球始まって以来の異常な人口爆発の中で生きている。一九五〇年代に二十五億足らずだった地球の人口は、半世紀もたたないうちに、その二倍の五十億を突破してしまった。イースター島の急激な人口の増加は、百年に二倍の割合であったから、いかに現代という時代が異常な時代であるかが理解できよう。
　このまま人口の増加が続いていけば、二〇三〇年には八十億を軽く突破し、二〇五〇年には九十億を超えるだろうと予測される。しかし、地球の農耕地はどれほど耕しても二十一億ヘクタールが限界である。そして、二十一億ヘクタールの農耕地で生活できる地球の人口は、八十億がぎりぎりである。食料生産に関しての革命的な技術革新がない限り、地球の人口が八十億を超えたとき、食料不足や資源の不足が恒常化する危険性は大きい。
　絶海の孤島のイースター島では、森林資源が枯渇《こかつ》し、島の住民が飢餓に直面したとき、どこからも食料を運んでくることができなかった。地球も同じである。広大な宇宙という漆黒の海にぽっかりと浮かぶ青い生命の島、地球。その森を破壊し尽くしたとき、その先に待っているのはイースター島と同じ飢餓地獄である。とするならば、私たちは、今あるこの有限の資源をできるだけ効率よく、長期にわたって利用する方策を考えなければならない。それが、⑤人類の生き延びる道なのである。

安田　喜憲「モアイは語る――地球の未来」より

❷ ――線のカタカナを漢字で書きなさい。

❶ イースター島のナゾ。　❷ 血液がギョウコする。

❸ 荷物をハンニュウする。　❹ タキギを集める。

❶
(1) ❶ ❷ 10点
(2) 10点
(3) 各10点
(4) 10点
(5) 10点

❷
❶ ❷ ❸ ❹ 各5点

成績評価の観点　思…思考・判断・表現

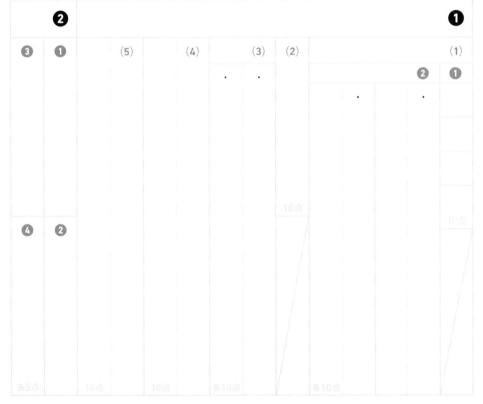

Step 2 月夜の浜辺（漢字に親しもう4）

20分　／100　目標 75点

1 詩を読んで、問いに答えなさい。思

▼教144ページ～145ページ

月夜の浜辺　　中原《なかはら》 中也《ちゅうや》

月夜の晩に、ボタンが一つ
波打際《なみうちぎは（ワ）》に、落ちてゐた。

それを拾つ《（ヒロッ）》て、役立てようと
僕は思つ《（オモッ）》たわけでもないが
なぜだかそれを捨てるに忍びず
僕はそれを、袂《たもと》に入れた。

月夜の晩に、ボタンが一つ
波打際に、落ちてゐた。

それを拾つ《（ヒロッ）》て、役立てようと
僕は思つ《（オモッ）》たわけでもないが
　月に向つ《（ムカッ）》てそれは抛《はふ》れず
　浪《なみ》に向つ《（ムカッ）》てそれは抛れず
僕はそれを、袂に入れた。

(1) ⓐ2行目「落ちてゐた」、ⓑ11行目「抛れず」を現代仮名遣いに直し、すべて平仮名で書きなさい。

(2) この詩で用いられている表現技法を次からすべて選び、記号で答えなさい。

ア 擬音語　イ 擬人法　ウ 反復　エ 対句

(3) この詩で描かれている風景について説明した次の文の□に当てはまる言葉をそれぞれ漢字一字で書きなさい。

　A が明るく輝いている静かな B の浜辺。

(4) 3行目「それ」とは何のことですか。詩の中の言葉を使って、わかりやすく説明しなさい。

(5) 5行目「捨てるに忍びず」とありますが、これと似た意味を表す言葉を、詩の中から三字で抜き出しなさい。

(6) 11・12行目「月に向つてそれは……／浪に向つて……」とありますが、これは作者のどのような様子を表していますか。これについて説明した次の文の□に当てはまる言葉を、それぞれ漢字一字で考えて書きなさい。

　拾ったボタンを、A にも B にも捨てられない様子。

点UP

(7) 17行目「どうしてそれが、捨てられようか？」とありますが、ここから作者のどのような心情が読み取れますか。考えて書きなさい。

月夜の晩に、拾つ《（ヒロッ）》たボタンは
指先に沁《し》み、心に沁みた。

月夜の晩に、拾つ《（ヒロッ）》たボタンは
どうしてそれが、捨てられようか？

中原　中也「月夜の浜辺」〈新編　中原中也全集　第一巻　詩Ⅰ　本文篇《へん》〉より

❷ ――線のカタカナを漢字で書きなさい。

❶ ジントウで指揮する。
❷ シュリョウと採集。
❸ 内乱がボッパツする。
❹ 戦争のコンセキが残る。

❶							❷	
(1)	(2)	(3)	(4)	(5)	(6)	(7)	❶	❸
ⓐ		A			A			
ⓑ		B			B		❷	❹
各5点	10点	各5点	15点	10点	各5点	15点		各5点

成績評価の観点　思…思考・判断・表現

Step 1

平家物語／扇の的――「平家物語」から

15分

❶ 文章を読んで、問いに答えなさい。

▼㊎150ページ、152ページ上15行～153ページ上13行

A

祇園精舎《ぎをんしやうじや（ギオンショウジャ）》の鐘の声、
諸行《しよぎやう（ショギョウ）》無常の響きあり。
沙羅双樹《しやらさうじゆ（シャラソウジュ）》の花の色、
盛者必衰《じやうしやひつすい（ジョウシャヒッスイ）》の理《ことわり》をあらは《（ワ）》す。
おごれる人も久しからず、
ただ①春の夜《よ》の夢のごとし。
たけき者もつひ《（イ）》には滅《ほろ》びぬ、
ひとへ《（エ）》に風の前の塵《ちり》に同じ。

❶(1) Aの文章について、問いに答えなさい。

――線①「春の夜の夢」とありますが、この部分と対になっている部分を古文中から抜き出しなさい。

（　　　　）

❷ この文章から、どのような考え方が読み取れますか。次から一つ選び、記号で答えなさい。

ア　どれだけ栄えた者もいつかは滅び、永遠に続くものなどない。
イ　たとえ滅びてしまっても、華やかに活躍した者の名は永遠だ。
ウ　本当にすぐれた者ならば、滅びることはなく、永遠に栄える。

（　　）

❸ これは「平家物語」の冒頭ですが、この物語を語り伝えたのはどのような人ですか。漢字四字で書きなさい。

□□□□

❶(2) Bの文章について、問いに答えなさい。

――線ⓐ「漂へば」、ⓑ「目を見開いたれば」の動き（動作）の主をそれぞれ答えなさい。

ⓐ（　　　　）
ⓑ（　　　　）

B

ころは二月《にんぐわつ(ガツ)》十八日の酉《とり》の刻ばかりのことなるに、を《(オ)》りふし北風激しくて、磯《いそ》打つ波も高かりけり。舟は、揺り上げ揺りすゑ《(エ)》ⓐ漂へ《(エ)》ば、扇もくしに定まらずひらめいたり。②沖には平家、舟を一面に並べて見物す。陸《くが》には源氏、くつばみを並べてこれを見る。いづ《(ズ)》れもいづ《(ズ)》れも③晴れならずといふ《(ウ)》ことぞなき。与一《よいち》目をふさいで、「南無《なむ》八幡《はちまん》大菩薩《だいぼさつ》、我が国の神明《しんめい》、日光《にっくわう(ニッコウ)》の権現《ごんげん》、宇都宮《うつのみや》、那須《なす》の湯《ゆ》泉大明神《ぜんだいみやうじん(ミョウ)》、願はく《(ワ)》は、あの扇の真ん中射させてたばせたまへ《(エ)》。これを射損ずるものならば、弓切り折り自害して、人に二度《ふたたび》面《おもて》を向かふ《(コウ)》べからず。いま一度《いちど》本国へ迎へ《(エ)》んとおぼしめさば、この矢はづ《(ズ)》させたまふ《(モウ)》な。」と心のうちに祈念して、ⓑ目を見開いたれば、風も少し吹き弱り、④扇も射よげにぞなつ《(ナッ)》たりける。

「平家物語」「扇の的――『平家物語』から」より

❷ ――線②「沖には平家……これを見る」とありますが、ここで用いられている表現技法を次から一つ選び、記号で答えなさい。

ア 体言止め　イ 倒置法　ウ 対句

（　　）

❸ ――線③「晴れならずといふことぞなき」とは、どのような意味ですか。次から一つ選び、記号で答えなさい。

ア 晴れがましくはないことだ。
イ まことに晴れがましいことだ。
ウ 晴れがましいかもしれないことだ。

（　　）

❹ ――線④「扇も射よげにぞなつたりける」とありますが、その前の状態はどうだったのですか。十五字で探し、初めと終わりの四字を抜き出しなさい。（句読点は含まない。）

□□□□～□□□□

ヒント

(1) ❷「平家物語」の世界観は「無常観」である。

(2) ❷「沖には」に対して「陸には」、「平家」に対して「源氏」と、対になる言葉が並んでいる。

耳で聞いて心地いいのが
「平家物語」の特徴だよ。

Step 2

平家物語／扇の的――「平家物語」から

20分

／100
目標 75点

1 文章を読んで、問いに答えなさい。思

▼教 154ページ上1行～156ページ上12行

与一《よいち》、かぶらを取つ《(トッ)》てつがひ《(イ)》、よつ《(ヨッ)》ぴいてひやう《(ヒョウ)》ど放つ。小兵《こひやう(ヒョウ)》とⓐいふぢやう、十二束三伏《そくみつぶせ》、弓は強し、浦響くほど長鳴りして、あやまたず扇の要《かなめ》ぎは《(ワ)》一寸ばかりおいて、①ひいふつ《(フッ)》とぞ射切つ《(キッ)》たる。②かぶらは海へ入りければ、扇は空へぞ上がりける。しばしは虚空《こくう》にひらめきけるが、春風に一《ひと》もみ二《ふた》もみもまれて、海へさつ《(サッ)》とぞ散つ《(チッ)》たりける。夕日のかかやいたるに、みな紅《ぐれなゐ(イ)》の扇の日出《い》だしたるが、白波の上に漂ひ《(イ)》、浮きぬⓑしづみぬ揺られければ、沖には平家、ふなばたをたたいて感じたり、陸には源氏、えびらをたたいてどよめきけり。

あまりのおもしろさに、感に堪へ《(エ)》ざるにやとおぼしくて、舟のうちより、年五十ばかりなる男《をのこ(オ)》の、黒革をどし《(オ)》の鎧《よろひ(イ)》着て、白柄《しらえ》の長刀《なぎなた》持つ《(モッ)》たるが、扇立てたりける所に立つ《(タッ)》て舞ひ《(イ)》しめたり。伊勢三郎義盛《いせのさぶらう(ロウ)よしもり》、与一が後ろへ歩ませ寄つ《(ヨッ)》て、

「③御定《ごぢやう(ジョウ)》ぞ、つかまつれ。」

と言ひ《(イ)》ければ、今度は中差《なかざし》取つ《(トッ)》てうちくはせ《(ワ)》、よつ《(ヨッ)》ぴいて、しや《(シャ)》頸《くび》の骨をひやうふつ《(ヒョウフッ)》と射て、舟底へ逆さまに射倒す。平家の方《かた》には音もせず、源氏の方にはまたえびらをたたいてどよめきけり。

「あ、射たり。」

と言ふ《(ウ)》人もあり、また、

(1) 〰〰線ⓐ「いふぢやう」、ⓑ「しづみぬ」を現代仮名遣いに直し、すべて平仮名で書きなさい。

(2) ――線①「ひいふつと」とありますが、この他に使われている擬音語を、二つ抜き出しなさい。

(3) ――線②「かぶらは海へ入りければ」と対句になっている部分を、抜き出しなさい。

点UP

(4) ――線③「御定ぞ」について、問いに答えなさい。

1 これは「御命令」という意味ですが、誰の命令ですか。次から一つ選び、記号で答えなさい。

ア 与一　イ 味方の大将の義経
ウ 男　エ 伊勢三郎義盛

2 誰に、どのようなことを命令したのですか。現代語で説明しなさい。

点UP

(5) ――線④「みな人これを感じける」とありますが、何に感じ入ったのですか。次から一つ選び、記号で答えなさい。

ア 弓矢の名手だった叔父の為朝にも匹敵する、義経の腕前。
イ なんとしてでも敵を殺そうとする、義経の戦いへの執念。
ウ 命に代えても武士のほこりを守ろうとする、義経の心意気。

(6) ――線「『情けなし。』と言ふ者もあり」とありますが、その人はどのような気持ちで「情けなし」と言ったのですか。現代語で説明しなさい。

「情けなし。」

と言ふ《(ウ)》者もあり。


「弓の惜しさに取らばこそ。義経《よしつね》が弓といは《(ワ)》ば、二人《ににん》しても張り、もしは三人しても張り、叔父《をぢ》《(オジ)》の為朝《ためとも》が弓のやう《(ヨウ)》ならば、わざとも落として取らすべし。尫弱《わうじやく》《(オウジャク)》たる弓を敵《かたき》の取り持つ《(モッ)》て、『これこそ源氏の大将九郎《くらう》《(ロウ)》義経が弓よ。』とて、嘲哢《てうろう》《(チョウ)》せんずるが口惜《くちを》《(オ)》しければ、命にかへ《(エ)》て取るぞかし。」

と、宣《のたま》へ《(エ)》ば、④みな人これを感じける。

「扇の的――「平家物語」から」より

❷ ――線のカタカナを漢字で書きなさい。

❶ トツジョ爆発が起こる。
❷ 年若いニョウボウ。
❸ タヅナを握る。
❹ ワズかな差。

❶								❷			
(1) ⓐ ⓑ 各5点	(2) 各5点	(3) 10点	(4) ❶ 10点	(4) ❷ 15点	(5) 10点	(6) 15点		❶	❷	❸	❹ 各5点

成績評価の観点 思…思考・判断・表現

Step 1 仁和寺《にんなじ》にある法師——「徒然草《つれづれぐさ》」から

15分

❶ 文章を読んで、問いに答えなさい。

▼教158ページ上4行〜159ページ7行

①つれづれなるままに、日暮らし、硯《すずり》に向かひ《(イ)》て、心にうつりゆくよしなし事を、そこはかとなく書きつくれば、②あやしうこそものぐるほしけれ。

（序段）

【現代語訳】

（　　　）、一日じゅう硯に向かって、心の中に浮かんだとりとめもないことを、あてもなく書きつけていると、妙に心が騒ぐことだよ。

仁和寺にある法師、年寄るまで石清水《いは(ワ)しみづ(ズ)》を拝まざりければ、心うく覚えて、あるとき思ひ《(イ)》たちて、ただ一人、徒歩《かち》より詣でけり。極楽《ごくらく》寺《じ》・高良《かう(コウ)ら》などを拝みて、かばかりと心得て帰りにけり。

さて、ⓐかたへ《(エ)》の人にあひ《(イ)》て、「年ごろ思ひ《(イ)》つること、果たしはべりぬ。聞きしにも過ぎて、尊く《たふと(トウト)》こそおは《(ワ)》しけれ。そも、参りたる人

(1) ——線①「つれづれなるままに」の意味を次から一つ選び、記号で答えなさい。

ア 毎日を楽しくゆったりと過ごしながら
イ 日々の雑事にあたふたと追われながら
ウ することがなく退屈《たいくつ》であるのに任せて

（　　　）

(2) ——線②「あやしうこそものぐるほしけれ」を現代仮名遣いに直し、すべて平仮名で書きなさい。

（　　　）

(3) ——線ⓐ「かたへの人にあひて」、ⓑ「山へ登りしは」、ⓒ「思ひて」の主語を次からそれぞれ選び、記号で答えなさい。

ア 仁和寺にある法師　イ 作者　ウ かたへの人
エ 参りたる人　オ 先達

ⓐ（　　）ⓑ（　　）ⓒ（　　）

❶ (4) ——線③「なれ」について、答えなさい。

「なれ」は通常であれば「なり」となります。このように形が変化するきまりを何といいますか。

（　　　）

ごとにⓑ山へ登りしは、何事かありけん、ゆかしかりしかど、神へ参るこそ本意《ほい》③なれとⓒ思ひ《（イ）》て、山までは見ず。」とぞ言ひ《（イ）》ける。
少しのことにも、先達《せんだち》はあらまほしきことなり。

（第五十二段）

【現代語訳】

仁和寺にいる法師が、年を取るまで石清水を拝まなかったので、残念なことに思われて、あるとき思い立って、ただ一人で、徒歩で参詣した。極楽寺や高良などを拝んで、こればかりだと思い込んで、帰った。

さて、仲間に向かって、「長年の間思っていたことを、遂に果たしましたよ。うわさに聞いていたよりも勝って、尊くていらっしゃいました。それにしても、お参りをしている人がみな、山へ登っていたのは、何があったのでしょうか、（　　A　　）、神様にお参りすることこそが本来の目的だと思って、山までは見ませんでした。」と言った。

少しのことであっても、その道の先導者はあってほしいものである。

兼好法師「仁和寺にある法師――『徒然草』から」より

2

(3) 「なれ」に係る係りの助詞を抜き出しなさい。

(5) （　A　）に入る言葉を次から一つ選び、記号で答えなさい。

ア　知りたかったけれど　　イ　あきれてしまって
ウ　すっかり感心したが

(6) この話は失敗談が書かれています。何が失敗だったのですか。次から一つ選び、記号で答えなさい。

ア　法師が今まで石清水八幡宮に参拝しなかったこと。
イ　法師が肝心の石清水八幡宮に参らず帰ってきたこと。
ウ　法師が極楽寺・高良をすばらしいと思ったこと。

(7) 筆者がこの話から得た教訓を述べた一文を古文から探し、初めの五字を抜き出しなさい。

ヒント

(4) 古文の大切なルールである。しっかり確認しておこう。

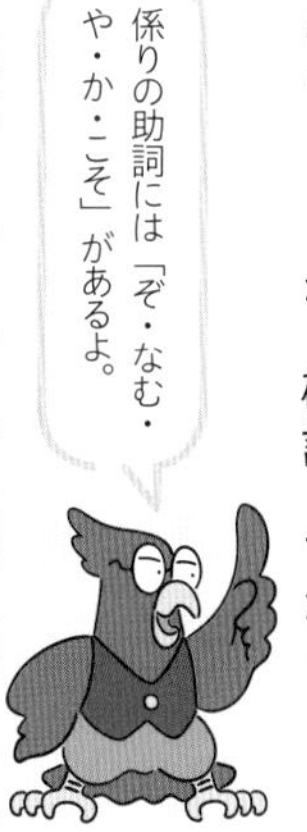

(6) なぜ他の人はみんな山に登っていたのに、法師は登らなかったのだろう。山の上に何があったのかを読み取る。

Step 1

漢詩の風景

15分

1 文章を読んで、問いに答えなさい。

▼㊙162ページ1行～163ページ20行

春暁《しゅんげう（シュンギョウ）》　孟浩然《まう（モウ）かう（コウ）ねん》

①春眠暁を覚えず
②処処啼鳥《ていてう（チョウ）》を聞く
③夜来風雨の声
花落つること知る多少

春　眠　不《ず》レ　覚エレ　暁ヲ
処　処　聞ク　啼　鳥ヲ
夜　来　風　雨ノ　声
花　落　知《ツルコト》ル　多　少

春の眠りは、誰しも経験があるように、非常に気持ちのよいものです。寒くてつらい、長かった冬も過ぎ、いよいよ春になったぞという喜びを、「暁を覚えず」、つまり、夜が明けたのも気づかないぬくぬくとした眠りで表しています。外はいい天気らしく、あちらでもこちらでも鳥の声が聞こえます。そういえば、ゆうべは「風雨」の音がしていたなあ、と回想します。花はいったいどれほど散ったことやら。作者は寝床の中にいて、明るくのどかな気分に浸っているのです。

作者の孟浩然は、故郷の鹿門山《ろくもん》に自適の暮らしをしていました。この詩はその頃のものでしょう。季節の訪れも気づかず、あくせく

(1) 「春暁」の詩で、作者は今どこにいるのですか。後の文中から四字で抜き出しなさい。

(2) 筆者は、「春暁」の詩で表現されているのはどのような世界だと述べていますか。十三字で探し、初めの四字を抜き出しなさい。

(3) ——線①「暁を覚えず」の意味にあたる内容を十二字で探し、初めの四字を抜き出しなさい。

(4) ——線②「処処啼鳥を聞く」とありますが、このように読むように、漢詩に返り点を付けなさい。

処　処　聞ク　啼　鳥ヲ

(5) ——線③「夜来風雨の声」では、これまでの部分とは大きく内容が変わっています。この句を何と言いますか。二字で抜き出しなさい。

(6) ——線④「四句から成る漢詩を、絶句といいます」について、答えなさい。

と過ごす俗人の世界に対して、悠然と自然に溶け入った世界が歌われています。

このような、④四句から成る漢詩を、絶句といいます。短い詩型ですから、あれもこれも歌い込むことはできません。そこで、詩人は、ここぞという一点を切り取って心の高まりや感動を表現します。その工夫の一つが、⑤「起承転結」という構成法です。

第一句は、歌い起こしで、起句といいます。起句が平凡だと詩は生きません。「春暁」では、春の眠りの心地《ここち》よさを、朝になったことに気づかないと表現するところに、詩人の発想があります。第二句は承句といい、起句を承《う》けてさらに展開します。第三句は転句で、場面が転換します。「夜」「風雨」という語が暗い雰囲気をかもし出し、前半の明るい情景から一変します。これが転換の妙味、読者に、おやっと思わせます。最後は、全体を締めくくる結句です。読者の眼前には、庭一面に散り敷いた花びらが、ぱっと広がります。花びらは雨にぬれ、朝日を浴びていよいよ鮮やかです。転句が暗いだけによけい印象が強くなるのです。そして、それが余韻となって、春の朝の気分が漂います。見事な収束です。

この構成法は、誰かが考え出したものではなく、永年の知恵で自然に定まったものなのです。

石川　忠久「漢詩の風景」より

❶「春暁」は、一句が五字から成る絶句です。これを何と言いますか。漢字四字で書きなさい。

❷絶句に対して、八句から成る漢詩を何といいますか。漢字二字で書きなさい。

(7) ――線⑤『起承転結』という構成法」とありますが、それぞれの句の役割について次のようにまとめました。□に当てはまる言葉を、文章中から抜き出しなさい。

●起句…歌い起こし。
●承句…起句を承けて□□□□する。
●転句…場面を転換する。
●結句…□□□□□□□□。

ヒント

(2) あくせくとした一般人の世界と対比されている。

(4) 「処→処→啼→鳥→聞」の順で読む。順番が入れ替わっているのはどの部分かを考えよう。

Step 2

漢詩の風景

20分

／100

目標 75点

❶ 文章を読んで、問いに答えなさい。思

絶句　　杜甫《とほ》

江は碧《みどり》にして鳥は①逾《いよい》よ白く
山は青くして花は然《も》えんと欲《ほっ（ホッ）》す
今春看《みすみ》す又過ぐ
何《いづ（ズ）》れの日か是《こ》れ帰年ならん

▼教164ページ1行～165ページ11行

江ハ碧ニシテ鳥ハ逾ヨ白ク
山ハ青クシテ花ハ欲スレ然エント
今春看ス又過グ
何レノ日カ是レ帰年ナラン

この詩は、杜甫が成都《せいと》にいたときの作です。うち続く戦乱を避けて、友人を頼りにこの地へ来たのです。まず、この地の美しい風景が前半の二句に描かれます。川は深みどりに澄み渡り、その水の色をバックに水鳥はいっそう白く見える。「碧《へき》」は深く澄んだみどりです。向こうの山は青々と茂っている。それをバックに花が燃えるように咲いている。この花は、つつじか何かでしょうか。「然」は「燃」と同じ。「然えんと欲す」とは、今にも燃えだしそうの意で、花が真っ赤に咲いているさまです。二句十字の中に、「碧・白・青・然＝赤」と色を表す字が四つも含まれ、なんとも鮮やかな南国の春景色が浮かび上がります。

後半では、この風景を前にした作者の思いが歌われます。今年の春も、あれよあれよという間に過ぎてゆく。いつ故郷へ帰る年が来るのだろうか。「看す」は、見ている間に、という意味です。故郷

(1) ❶「絶句」、❷「黄鶴楼にて孟浩然の広陵に之くを送る」の詩の形式は何ですか。それぞれ漢字四字で書きなさい。

(2) 「絶句」の詩で、作者の思いが歌われているのは、どの句とどの句ですか。それぞれ漢字二字で答えなさい。

(3) 「絶句」の詩から、色彩を表している漢字を四つ抜き出しなさい。

(4) ――線①「逾よ」の意味を後の文中から抜き出しなさい。

点UP

(5) ――線②「悲しみに沈む作者」とありますが、作者はどのようなことを悲しんでいるのですか。次から一つ選び、記号で答えなさい。

ア 故郷に帰れないまま、月日だけが流れていくこと。
イ 今年の春も、まもなく終わろうとしていること。
ウ 頼りにしていた友人がここを去って行くこと。

(6) 「黄鶴楼にて……」の詩で、❶作者、❷孟浩然はどこにいますか。次から一つずつ選び、それぞれ記号で答えなさい。

ア 黄鶴楼　イ 揚州　ウ 船の上

(7) ――線③「故人」、⑤「煙花」の意味を、それぞれ書きなさい。

(8) ――線④「故人西辞黄鶴楼」に、返り点をつけなさい。

点UP

(9) ――線⑥「唯だ見る長江の天際に流るるを」とありますが、このときの作者の気持ちを説明しなさい。

へ帰れないままにまた春が過ぎてゆく、それをどうすることもできないのです。異郷の明るい春景色の中で、②悲しみに沈む作者の姿が強く印象づけられます。北の故郷を離れて六年目、杜甫は五十三歳でした。

黄鶴楼《（コウ）くわうかくろう》にて孟浩然《（モウ）（コウ）まうかうねん》の広陵《（コウリョウ）くわうりよう》に之《ゆ》くを送る　李白《りはく》

③故人西のかた黄鶴楼を辞し
⑤煙花三月揚州《（ヨウシュウ）やうしう》に下る
孤帆《こはん》の遠影碧空《へきくう》に尽き
⑥唯《た》だ見る長江《（チョウコウ）ちやうかう》の天際に流るるを

④故人西ノカタ辞シ黄鶴楼ヲ
煙花三月下ル二揚州ニ一
孤帆ノ遠影碧空ニ尽キ
唯ダ見ル長江ノ天際ニ流ルルヲ

石川　忠久「漢詩の風景」より

❷ ──線のカタカナを漢字で書きなさい。

❶ ヘイボンな作品。
❷ 全体をシめくくる。
❸ じゅうたんをシく。
❹ キュウレキの三月。

❶

(1)	(2)	(3)	(4)	(5)	(6)	(7)	(8)	(9)
❶ ❷					❶ ❷	③ ⑤	故人西ノカタ辞シ黄鶴楼ヲ	
各5点	各5点	10点	5点	10点	各5点	各5点	5点	10点

❷

❶	❸
❷	❹
	各5点

成績評価の観点　思…思考・判断・表現

Step 1

君は「最後の晩餐《ばんさん》」を知っているか／「最後の晩餐」の新しさ

15分

❶ 文章を読んで、問いに答えなさい。

▼㊍175ページ1行～176ページ6行

「最後の晩餐」[①]は、イタリアの北の町、ミラノにある。サンタ・マリア・デッレ・グラツィエ修道院の食堂の壁画として、十五世紀末に描かれた。高さ四・二メートル、幅九・一メートルもある巨大な絵だ。

まず目に入るのは、白いテーブルクロスの掛かった食卓、そして食卓の向こうにいる十三人の男。まるで芝居の幕が開いて、舞台の上でドラマが始まったかのようだ。机の上には、パンや魚の料理が載った皿、それに飲み物の入ったコップがある。食事の光景らしいが、誰も飲食をしていない。ある男は両手を広げ、別の男は視線を中央の人物に向けている。

なぜ、誰も食事をしていないのか。それに落ち着き払った中央の人物と、その周りで動揺している男たちは誰なのか。[②]まずは、そんなふうに絵を「読む」ことから分析を始めるのもよい。

人物は、三人ずつのグループと中央の人物というふうに分けて見ることもできる。中央の人物が何か言っている。その言葉が、人々の動揺を誘い、ざわめきが広がる。静かな水面に小石を投げると丸い水紋が広がるように、隣の人物へ、さらに隣の人物へと、動揺が伝わる。何かが、起こっている。この絵の人物の構図から、そんなことが感じられる。

(1) ――線①「最後の晩餐」について説明した次の文の(　)に、当てはまる言葉を抜き出しなさい。

イタリア北部の(　　　)にあり、修道院の食堂の(　　　)として(　　　)に描かれた絵である。

(2) ――線②「落ち着き払った中央の人物と……誰なのか」について、問いに答えなさい。

❶ 「中央の人物」は誰ですか。(　　　)

❷ なぜ周囲の人物は動揺しているのですか。「……から。」に続くように、十七字で抜き出しなさい。

□□□□□□□□□□□□□□□□□から。

❸ 周囲の人々の動揺を表現するために、顔の表情以外に何を用いていますか。五字で抜き出しなさい。

□□□□□

　中央にいるのがキリストである。彼は、弟子の一人に裏切られ、やがて磔《はりつけ》になる。ここに描かれている場面は、裏切りがある、という予言を耳にした弟子たちが驚き、ざわめいているところだ。明日、キリストは磔《たっ》刑になる。だから、これが「最後の晩餐」なのだ。

　弟子たちの動揺は、手のポーズにも表れている。たくさんの手が描かれているが、試しに、その一つ一つのポーズを君もまねてみよう。手のポーズは心の動きを表すが、ここにはいろいろな手があり、いろいろな心の動きがある。驚き、失意、怒り、諦め……。まるで手のポーズの見本帳である。それは、手に託された心の動きの見本帳でもある。

　レオナルドは、どうしてこんなにもうまく、いろいろな手を描くことができたのだろうか。実は、彼は人体の解剖を通して骨格や筋肉の研究をし、人の体がどのような仕組みでできているかを知り尽くしていた。だから、手だけでなく顔の表情や容貌も、一人一人の心の内面までもえぐるように描くことができた。

布施　英利「君は『最後の晩餐』を知っているか」より

❹ 動揺が広がる様子を比喩を用いて表現した部分を、次の（　）に当てはまる形で二十五字以内で抜き出し、初めと終わりの四字を抜き出しなさい。

まるで（　　　　）ように動揺が広がった。

□□□□ ～ □□□□

(3) 筆者は、絵の作者であるレオナルドが巧みに心情を描くことができた理由について、どのように考えていますか。次から一つ選び、記号で答えなさい。

ア 人体の仕組みを知り尽くしていて、手の動きや顔の表情によってその人の内面まで表現することができたから。

イ 明日磔刑になるキリストを目の前にした弟子の心情を、自分自身に置き換えて詳しく想像することができたから。

ウ 人物を三つのグループに分けて、それぞれのグループごとに違った心情を描写することに成功したから。

（　　）

ヒント

(2) ❷この絵がどのような場面を描いたものなのかを正確に読み取ろう。明日磔にされるキリストが、この中に裏切り者がいる、と弟子たちに告げる場面である。

(3) 弟子たちの心の動きは、何によって表現されていたかに着目しよう。

レオナルド・ダ・ヴィンチは、人類で初めて、正確な解剖のスケッチをした人なんだ。

Step 2

君は「最後の晩餐《ばんさん》」を知っているか／「最後の晩餐」の新しさ

20分　／100　目標 75点

❶ 文章を読んで、問いに答えなさい。 思

▼教 176ページ7行～178ページ7行

さらに注目してほしいのは、ここに描かれている室内の壁や天井だ。壁のタピスリーや天井の格子《こうし》模様を見てみよう。壁がだんだん狭くなって、タピスリーも奥にいくほど小さくなる。①これが遠近法だ。レオナルドは、絵画の遠近法を探究し、それをこの絵で完成させた。この絵には、遠くのものは小さく見えるという、遠近法の原理が使われている。室内の空間を、遠くにいくにつれて小さく描くことで、部屋に奥行きが感じられるようになる。

遠近法には、さらに別の効果もある。壁のタピスリーや天井の格子など、奥に向かって狭まっていく線を延ばしていくと、その線は一つの点に集まる。これを遠近法の消失点というが、なんと、その点の位置が、キリストの額なのだ。これにより、絵を見る人の視線は自然とキリストに集まっていく。この絵の主人公は、キリスト。誰が見ても、そう思わせる効果がある。遠近法という絵画の技法が、そこに描かれた人物たちの物語を、ドラマチックに演出している。これは、描かれた絵が偶然そうなったということではない。レオナルドは、明らかに計算をしてこの絵を描いたのだ。その証拠に、キリストの右のこめかみには、くぎの穴の跡がある。このくぎから糸を張って、あちこちに延ばし、画面の構図を決めていったのだ。まるで設計図のような絵ともいえる。

(1) ——線①「これが遠近法だ」について、答えなさい。

❶ 遠近法とは、どのようなものですか。□に当てはまる言葉を十二字で探し、初めと終わりの三字を抜き出しなさい。

□という原理。

点UP ❷ レオナルドが計算をして遠近法を使ったことは、どのようなことからわかりますか。「……こと。」に続くように二十五字以内で探し、初めと終わりの三字を抜き出しなさい。

❸ この技法によって、「最後の晩餐」の絵にどのような効果が生まれていますか。二つに分けて、簡潔に書きなさい。

(2) ——線②「光の効果も緻密に計算していた」について、答えなさい。

点UP ❶ どのような計算がされているのですか。文章中の言葉を使って答えなさい。

❷ 緻密に計算された「光の効果」とはどのようなものですか。

(3) ——線③「『最後の晩餐』を『かっこいい。』と思わせる一つの要因」とありますが、この絵を見た人は、なぜ「かっこいい」と感じるのですか。文章中の言葉を用いて、簡潔に説明しなさい。

また、レオナルドは、②光の効果も緻密に計算していた。描かれた部屋の白い壁を見ると、右側には光が当たり、左側は影になっている。この壁画は食堂の壁に描かれているが、描かれた部屋の明暗は、食堂の窓から差し込む現実の光の方向と合致している。そのため、壁に描かれた部屋は、あたかも本物の食堂の延長にあるようにすら見える。

このように、遠近法や光の明暗の効果を合わせて用いることで、絵に描かれているのが本物の部屋であるように見えてくる。だから、かつての修道士たちのように、こんな部屋で食事をしたら、まるでキリストたちといっしょに晩餐をしているような気持ちになるにちがいない。

解剖学、遠近法、明暗法。そのような絵画の科学が、それまで誰も描かなかった新しい絵を生み出した。レオナルドが究めた絵画の科学と、そのあらゆる可能性を目《ま》のあたりにできること。これが、③「最後の晩餐」を「かっこいい。」と思わせる一つの要因だろう。

布施　英利「君は『最後の晩餐』を知っているか」より

❷ ――線のカタカナを漢字で書きなさい。

❶ クッシン運動をする。　❷ スイモンが広がる。

❸ リンカクを捉える。　❹ シキサイが豊かだ。

❶ (1) ❶ ～ 10点　❷ ～ 10点　❸ ・ ・ 各8点　(2) ❶ 12点　❷ 12点　(3) 20点

❷ ❶ ❷ ❸ ❹ 各5点

成績評価の観点　思…思考・判断・表現

Step 2

文法への扉2 走る。走らない。走ろうよ。

(平家物語～研究の現場にようこそ)

20分

/100
目標 75点

1 ――部の漢字の読み仮名を書きなさい。

① 突如現れる。
② 手綱を握る。
③ 面かげがある。
④ 聞くに堪えない。
⑤ 速さで勝る。
⑥ 良い雰囲気の店。
⑦ 旧暦の正月。
⑧ 芝居の練習。
⑨ 弟子になる。
⑩ 科学を究める。
⑪ 既に始まった。
⑫ 冥王星の発見。
⑬ 丘陵からの景色。
⑭ 絶滅した動物。
⑮ 悪戦苦闘する。

1

①	⑤	⑨	⑬
②	⑥	⑩	⑭
③	⑦	⑪	⑮
④	⑧	⑫	各2点

2 カタカナを漢字に直しなさい。

① オウギであおぐ。
② ワズかな希望。
③ 海をタダヨう。
④ スルドい視線。
⑤ ネドコに入る。
⑥ ふとんをシく。
⑦ 悲しみにシズむ。
⑧ カイボウ学の研究。
⑨ ショウゲキの事実。
⑩ 整ったヨウボウ。
⑪ セマい部屋。
⑫ ペンキがハげる。
⑬ ドウクツを探検する。
⑭ 温暖シツジュン気候
⑮ ヒヨクな土地。

2

①	⑤	⑨	⑬
②	⑥	⑩	⑭
③	⑦	⑪	⑮
④	⑧	⑫	各2点

3 用言の活用に関する次の問いに答えなさい。

(1) 次の動詞の活用の種類を後から選び、記号で答えなさい。

❶ 読む　❷ 来る　❸ 出る　❹ 見る　❺ 電話する
❻ 切る　❼ 着る

ア 五段活用　イ 上一段活用　ウ 下一段活用
エ カ行変格活用　オ サ行変格活用

(2) 次の――線①～⑩のA活用の種類（形容詞・形容動詞は品詞）とB活用形を後から選び、記号で答えなさい。

今の社会では、①よくないことでも面と②向かって悪いとは言わない。自分に関係ないことで③あればいっそう④無関心で⑤いる。関心を⑥もっていても、決して言葉には⑦出ないようにする。そして、⑧そうするのが礼儀にかなったことだと⑨考えられているのである。よけいなことは言わない方が⑩利口だろうというわけだ。

A ア 五段活用　イ 上一段活用　ウ 下一段活用
エ カ行変格活用　オ サ行変格活用　カ 形容詞
キ 形容動詞

B ア 未然形　イ 連用形　ウ 終止形
エ 連体形　オ 仮定形　カ 命令形

(3) 次の――線の語の音便の種類を後から選び、記号で答えなさい。

❶ 全力で走ったので、一着でゴールした。
❷ 途中で転んだけれど、なんとかゴールした。
❸ 野田さんがあんなに足が速いとは、みんなが驚いた。

ア イ音便　イ 促音便　ウ 撥《はつ》音便

3

(1) ❶ ❷ ❸ ❹ ❺ ❻ ❼ 各2点

(2) ① A B　② A B　③ A B　④ A B　⑤ A B　⑥ A B　⑦ A B　⑧ A B　⑨ A B　⑩ A B　各2点

(3) ❶ ❷ ❸ 各2点

テストに出る

● 動詞の活用

	例	語幹	未然	連用	終止	連体	仮定	命令
五段	書く	か	か こ	き い	く	く	け	け
上一段	見る	○	み	み	みる	みる	みれ	みろ
下一段	調べる	しら	べ	べ	べる	べる	べれ	べろ
カ行変格	来る	○	こ	き	くる	くる	くれ	こい
サ行変格	する	○	し せ さ	し	する	する	すれ	しろ

Step 1

走れメロス

15分

1 文章を読んで、問いに答えなさい。

▼教196ページ1行～197ページ19行

①メロスは激怒した。必ず、かの邪智暴虐の王を除かなければならぬと決意した。メロスには政治がわからぬ。メロスは、村の牧人である。笛を吹き、羊と遊んで暮らしてきた。けれども邪悪に対しては、人一倍に敏感であった。今日未明、②メロスは村を出発し、野を越え山越え、十里離れたこのシラクスの町にやって来た。メロスには父も、母もない。女房《にょうぼう》もない。十六の、内気な妹と二人暮らしだ。この妹は、村のある律儀《りちぎ》な一牧人を、近々花婿として迎えることになっていた。結婚式も間近なのである。メロスは、それゆえ、花嫁の衣装やら祝宴のごちそうやらを買いに、はるばる町にやって来たのだ。まず、その品々を買い集め、それから都の大路をぶらぶら歩いた。メロスには竹馬の友があった。セリヌンティウスである。今はこのシラクスの町で、石工をしている。その友を、これから訪ねてみるつもりなのだ。久しく会わなかったのだから、訪ねていくのが楽しみである。歩いているうちにメロスは、③町の様子を怪しく思った。ひっそりしている。もう既に日も落ちて、町の暗いのはあたりまえだが、けれども、なんだか、夜のせいばかりではなく、町全体が、やけに寂しい。のんきなメロスも、だんだん不安になってきた。道で会った若い衆《しゅ》を捕まえて、何かあったのか、二年前にこの町に来たときは、夜でも皆が歌を歌って、町はにぎやかであったはずだが、

(1) ――線①「メロスは激怒した」とありますが、なぜ激怒したのですか。次から一つ選び、記号で答えなさい。

ア 王の許せないふるまいを知ったから。
イ 政治のことがよくわからなかったから。
ウ たった一人の妹が結婚してしまうから。

(2) ――線②「メロスは……シラクスの町にやって来た」とありますが、メロスは何のためにシラクスの町に来たのですか。これがわかる部分を文章中から二十字で探し、初めの五字を抜き出しなさい。

(3) ――線③「町の様子を怪しく思った」とありますが、なぜですか。次から一つ選び、記号で答えなさい。

ア 前に来たときより日が落ちるのが早かったから。
イ 町全体がやけに寂しく、ひっそりしているから。
ウ 人々が暗く、話しかけても返事をしないから。

(4) ――線④「王様は、人を殺します」とありますが、なぜ殺すのですか。「……から。」に続くように、十一字で探し、初めの五字を抜き出しなさい。

と質問した。若い衆は、首を振って答えなかった。しばらく歩いて老爺《ろうや》に会い、今度はもっと語勢を強くして質問した。老爺は答えなかった。メロスは両手で老爺の体を揺すぶって質問を重ねた。老爺は、辺りをはばかる低声《こごえ》で、僅か答えた。

「④王様は、人を殺します。」

「なぜ殺すのだ。」

「悪心を抱いているというのですが、誰もそんな、悪心をもってはおりませぬ。」

「たくさんの人を殺したのか。」

「はい、初めは王様の妹婿様を。それから、ご自身のお世継ぎを。それから、妹様を。それから、妹様のお子様を。それから、皇后様を。それから、賢臣のアレキス様を。」

「驚いた。国王は乱心か。」

「いいえ、乱心ではございませぬ。人を信ずることができぬというのです。このごろは、臣下の心をもお疑いになり、少しく派手な暮らしをしている者には、人質一人ずつ差し出すことを命じております。ご命令を拒めば、十字架にかけられて殺されます。今日は、六人殺されました。」

聞いて、メロスは激怒した。「あきれた王だ。生かしておけぬ。」

メロスは単純な男であった。買い物を背負ったままで、のそのそ王城に入っていった。たちまち彼は、巡邏《じゅんら》の警吏に捕縛された。調べられて、メロスの懐中《かいちゅう》からは短剣が出てきたので、騒ぎが大きくなってしまった。メロスは王の前に引き出された。

太宰 治「走れメロス」〈「太宰治全集 3」〉より

(5) 老爺の話を聞いたメロスは、どのような行動に出ましたか。次から一つ選び、記号で答えなさい。

ア 激怒し、王を殺そうと決意して、短剣をもって王城へ入っていった。

イ 臣下の心を疑うことはどうかやめてくれと、王を説得しようとした。

ウ このままシラクスの町にいるのは危険なので、早く帰ることにした。

(6) メロスの人物像として当てはまらないものを次から一つ選び、記号で答えなさい。

ア 正義感が強く、邪悪を許せない人物。

イ 単純で、あまり深くは考えない人物。

ウ 勘がするどく、洞察力に優れた人物。

ヒント

(2) シラクスの町に来たメロスがまず何をしているか、その行動を追う。セリヌンティウスに会うのは、町に来た主な目的ではない。

(4) 「悪心を抱いているから殺す」という王の言葉は、真実ではないと老爺は言っている。

Step 2

走れメロス

20分

/100

目標 75点

1 文章を読んで、問いに答えなさい。思

▼教 207ページ9行～209ページ1行

私は信頼されている。私は信頼されている。先刻の、あの悪魔のささやきは、あれは夢だ。悪い夢だ。忘れてしまえ。五臓が疲れているときは、ふいとあんな悪い夢を見るものだ。メロス、おまえの恥ではない。やはり、おまえは①真の勇者だ。再び立って走れるようになったではないか。ありがたい！　私は正義の士として死ぬことができるぞ。ああ、日が沈む。ずんずん沈む。待ってくれ、ゼウスよ。私は生まれたときから正直な男であった。正直な男のままにして死なせてください。

道行く人を押しのけ、跳ね飛ばし、メロスは黒い風のように走った。野原で酒宴の、その宴席の真っただ中を駆け抜け、酒宴の人たちを仰天させ、犬を蹴飛ばし、小川を飛び越え、少しずつ沈んでゆく太陽の、十倍も速く走った。一団の旅人とさっと擦れ違った瞬間、不吉な会話を小耳に挟んだ。「今頃は、②あの男も、はりつけにかかっているよ。」ああ、その男、その男のために私は、今こんなに走っているのだ。その男を死なせてはならない。③急げ、メロス。遅れてはならぬ。愛と誠の力を、今こそ知らせてやるがよい。風体なんかはどうでもいい。メロスは、今は、ほとんど全裸体であった。呼吸もできず、二度、三度、口から血が噴き出た。見える。はるか向こうに小さく、シラクスの町の塔楼が見える。塔楼は、夕日を受けて

点UP

(1) ――線①「真の勇者」とありますが、ここではどのような人物のことですか。次から一つ選び、記号で答えなさい。

ア 友を決して裏切らず、信実を貫きとおす人物。

イ 倒れても立ち上がる、強い肉体をもった人物。

ウ たとえ相手が王でも、正義のために戦う人物。

(2) ――線②「あの男」とありますが、誰のことですか。

(3) ――線③「急げ、メロス」とありますが、メロスが精一杯急いでいる様子を直喩を用いて表現した部分を、七字で抜き出しなさい。

(4) ――線④「うめくような声」に込められた心情を、次から二つ選び、記号で答えなさい。

ア 絶望　イ 驚き　ウ 悲嘆

エ 怒り　オ 恐怖

(5) ――線⑤「もう、だめでございます」とありますが、どのようなことを言っているのですか。

(6) ――線⑥「今はご自分のお命が大事です」とありますが、フィロストラトスはどのようなことを恐れているのですか。

点UP

(7) ――線⑦「刑場に引き出されても、平気でいました」とありますが、セリヌンティウスがこのような様子だったのはなぜですか。

きらきら光っている。

「ああ、メロス様。」④うめくような声が、風とともに聞こえた。

「誰だ。」メロスは走りながら尋ねた。

「フィロストラトスでございます。あなたのお友達セリヌンティウス様の弟子でございます。」その若い石工も、メロスの後について走りながら叫んだ。⑤「もう、だめでございます。むだでございます。走るのはやめてください。もう、あの方をお助けになることはできません。」

「いや、まだ日は沈まぬ。」

「ちょうど今、あの方が死刑になるところです。ああ、あなたは遅かった。お恨み申します。ほんの少し、もうちょっとでも、早かったなら！」

「いや、まだ日は沈まぬ。」メロスは胸の張り裂ける思いで、赤く大きい夕日ばかりを見つめていた。走るより他はない。

「やめてください。走るのはやめてください。⑥今はご自分のお命が大事です。あの方は、あなたを信じておりました。⑦刑場に引き出されても、平気でいました。王様がさんざんあの方をからかっても、メロスは来ますとだけ答え、強い信念をもち続けている様子でございました。」

「それだから、走るのだ。信じられているから走るのだ。間に合う、間に合わぬは問題でないのだ。人の命も問題でないのだ。私は、なんだか、もっと恐ろしく大きいもののために走っているのだ。ついてこい！　フィロストラトス。」

太宰　治「走れメロス」〈「太宰治全集　3」〉より

❷ ——線のカタカナを漢字で書きなさい。

① ハナムコを迎える。　② ミケンにしわを寄せる。
③ 目的地にトウチャクする。　④ 川がハンランする。

❶							❷	
(1)	(2)	(3)	(4)	(5)	(6)	(7)	①	③
10点	10点	10点	各5点	10点	15点	15点	②	④
								各5点

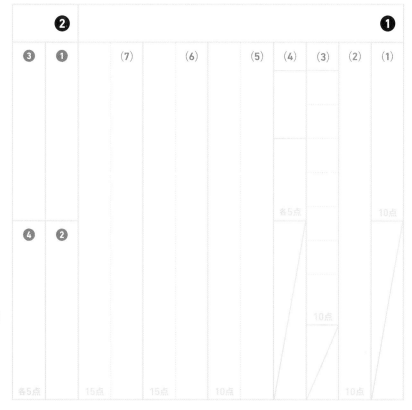

Step 2

走れメロス

20分

／100

目標 75点

❶ 文章を読んで、問いに答えなさい。思

▼教 209ページ2行〜211ページ14行

「ああ、あなたは気が狂ったか。それでは、うんと走るがいい。ひょっとしたら、間に合わぬものでもない。走るがいい。」

　言うにや及ぶ。まだ日は沈まぬ。最後の死力を尽くして、メロスは走った。メロスの頭は空っぽだ。何一つ考えていない。ただ、訳のわからぬ大きな力に引きずられて走った。日はゆらゆら地平線に没し、まさに最後の一片の残光も消えようとしたとき、メロスは疾風のごとく刑場に突入した。間に合った。

「待て。その人を殺してはならぬ。メロスが帰ってきた。約束のとおり、今、帰ってきた。」と、大声で刑場の群衆に向かって叫んだつもりであったが、喉が潰れてしゃがれた声がかすかに出たばかり、群衆は、一人として彼の到着に気がつかない。既に、はりつけの柱が高々と立てられ、縄を打たれたセリヌンティウスは徐々につり上げられてゆく。メロスはそれを目撃して最後の勇、先刻、濁流を泳いだように群衆をかき分けかき分け、

「私だ、刑吏！　殺されるのは、私だ。メロスだ。彼を人質にした私は、ここにいる！」と、かすれた声で精いっぱいに叫びながら、ついにはりつけ台に上り、つり上げられてゆく友の両足にかじりついた。群衆はどよめいた。①あっぱれ。許せ、と口々にわめいた。セリヌンティウスの縄は、ほどかれたのである。

(1) ――線①「あっぱれ」とありますが、群衆はなぜメロスに向かってこのように言ったのですか。次から一つ選び、記号で答えなさい。

ア　メロスが群衆をかき分けてやって来たから。

イ　メロスが王との約束どおりに帰ってきたから。

ウ　メロスが潰れた喉で精いっぱいに叫んだから。

点UP

(2) ――線②・③「私を殴れ」とありますが、メロスとセリヌンティウスがこのように言ったのはなぜですか。それぞれ書きなさい。

(3) ――線④「うれし泣きにおいおい声を放って泣いた」とありますが、それはなぜですか。「信頼」という言葉を使って書きなさい。

(4) ――線⑤「おまえらの望み」とはどのようなことですか。次から一つ選び、記号で答えなさい。

ア　王に人の心を信じるようにさせること。

イ　自分の行いについて王に謝罪させること。

ウ　メロスとセリヌンティウスの命を救うこと。

点UP

(5) ――線⑥「おまえらの仲間の一人にしてほしい」とありますが、どのような仲間ですか。「信実」という言葉を使って書きなさい。

「セリヌンティウス。」メロスは目に涙を浮かべて言った。「②私を殴れ。力いっぱいに頬を殴れ。私は、途中で一度、悪い夢を見た。君がもし私を殴ってくれなかったら、私は君と抱擁する資格さえないのだ。殴れ。」

セリヌンティウスは、全てを察した様子でうなずき、刑場いっぱいに鳴り響くほど音高くメロスの右頬を殴った。殴ってから優しくほほ笑み、

「メロス、③私を殴れ。同じくらい音高く私の頬を殴れ。私はこの三日の間、たった一度だけ、ちらと君を疑った。生まれて初めて君を疑った。君が私を殴ってくれなければ、私は君と抱擁できない。」

メロスは腕にうなりをつけてセリヌンティウスの頬を殴った。

「ありがとう、友よ。」二人同時に言い、ひしと抱き合い、それか④らうれし泣きにおいおい声を放って泣いた。

群衆の中からも、歔欷《きょき》の声が聞こえた。暴君ディオニスは、群衆の背後から二人のさまをまじまじと見つめていたが、やがて静かに二人に近づき、顔を赤らめて、こう言った。

「⑤おまえらの望みはかなったぞ。おまえらは、わしの心に勝ったのだ。信実とは、決して空虚な妄想ではなかった。どうか、わしも仲間に入れてくれまいか。どうか、わしの願いを聞き入れて、⑥おまえらの仲間の一人にしてほしい。」

どっと群衆の間に、歓声が起こった。

「万歳、王様万歳。」

太宰　治「走れメロス」〈「太宰治全集　3」〉より

❷ ――線のカタカナを漢字で書きなさい。

❶ サンゾクを退治する。
❷ 相手のスキを突く。
❸ ヒレツなやり方。
❹ ボールをケる。

❶						❷	
(1)	(2) メロス	(2) セリヌンティウス	(3)	(4)	(5)	❶ / ❷	❸ / ❹
10点	各15点		15点	10点	15点		各5点

成績評価の観点　思…思考・判断・表現

Step 2

文法への扉3　一字違いで大違い（走れメロス～文法への扉3）

20分

／100
目標 75点

1 ——部の漢字の読み仮名を書きなさい。

1 花婿の手紙。
2 きれいな花嫁。
3 賢臣が仕える王。
4 人質になる。
5 警吏に捕まる。
6 民の声。
7 恩に報いる。
8 到着する。
9 夕食を調える。
10 蒸し暑い季節。
11 海が荒れ狂う。
12 誠の心。
13 山賊の急襲。
14 天を仰ぐ。
15 気持ちが萎える。

1			
1	5	9	13
2	6	10	14
3	7	11	15
4	8	12	

各2点

2 カタカナを漢字に直しなさい。

1 ジャアクな心。
2 ボウギャクな君主。
3 ミケンのしわ。
4 イノチゴいをする。
5 宿屋のテイシュ。
6 イッスイもしない。
7 サイダンを飾る。
8 ショウダクを得る。
9 シンロウの挨拶。
10 ショウガイの別れ。
11 酒にヨう。
12 コブシを突き上げる。
13 興味がワく。
14 川のハンラン。
15 スキを突く。

2			
1	5	9	13
2	6	10	14
3	7	11	15
4	8	12	

各2点

❸ 付属語に関する次の問いに答えなさい。

(1) 次の――線の格助詞が示している文節の関係を後から選び、記号で答えなさい。

❶ 父が焼きそばをつくる。　❷ 兄が北海道へ行く。

❸ 姉が楽器の演奏をする。　❹ 母が外から家へ電話する。

ア 主語　イ 連用修飾語　ウ 連体修飾語

(2) 次の――線の副助詞が表している意味を後から選び、記号で答えなさい。

❶ 来年こそ優勝しよう。　❷ 夏は嫌いな季節だ。

❸ 雑誌などを読む。　❹ 大人までゲームに夢中だ。

ア 取り立てる　イ 強調　ウ 例示　エ 極端な例

(3) 次の――線の接続助詞が表している意味を後から選び、記号で答えなさい。

❶ 雨ならば大会は中止だ。　❷ 寒いので上着を着た。

❸ 音楽を聞きながら寝る。　❹ 冬なのに半そで姿だ。

ア 理由　イ 条件　ウ 逆接　エ 同時

(4) 次の――線の助動詞と文法的な性質が同じものを後から選び、記号で答えなさい。

❶ 先生にほめられる。

ア すぐに食べられる。　イ 友達になぐさめられる。

ウ 先生が出かけられる。　エ 将来が思いやられる。

❷ 遅刻をしないようにしなさい。

ア おもしろくないドラマ。　イ 彼は勇気がないと思う。

ウ もう遊べないと泣く。　エ 情けないことを言う。

❸

	❶	❷	❸	❹	
(1)					各3点
(2)					各3点
(3)					各3点
(4)					各2点

テストに出る

● **付属語**

(1) 助動詞…付属語で活用がある。

例 れる・られる【受け身・可能・尊敬・自発】

せる・させる【使役】

た【過去・完了・存続・想起】

そうだ・そうです【推定・様態・伝聞】

(2) 助詞…付属語で活用がない。

・格助詞　主に体言について、体言とその下の語句との関係を示す。（が・を・に・で・と・から・へ・より・の・や）

・副助詞　いろいろな語句について意味を添える。

・接続助詞　いろいろな関係で前後をつなぐ。

・終助詞　文や文節の終わりについて気持ちや態度を表す。

Step 2

言葉3 話し言葉と書き言葉（走れメロス～言葉3）

20分

/100
目標 75点

❶ ――部の漢字の読み仮名を書きなさい。

①芋虫の観察。
②真紅の着物。
③四肢を投げ出す。
④真面目そうな風体。
⑤不運を恨む。
⑥万歳三唱。
⑦免疫力を高める。
⑧空気の循環。
⑨尿検査を受ける。
⑩時期尚早だ。
⑪無謀な挑戦。
⑫不朽の名作。
⑬感染症の疑い。
⑭曖昧な発言。
⑮寂しい気持ち。

❶

①	⑤	⑨	⑬
②	⑥	⑩	⑭
③	⑦	⑪	⑮
④	⑧	⑫	

各2点

❷ カタカナを漢字に直しなさい。

①ロボウの人。
②敵をアザムく。
③ヒレツな作戦。
④ミニクい心。
⑤石をケトばす。
⑥ラガンの視力。
⑦友とホウヨウする。
⑧祖父のホチョウキ。
⑨足がヤせる。
⑩怪我がチユする。
⑪ヒフを守る。
⑫発言のテッカイ。
⑬カカンに戦う。
⑭貯蓄のショウレイ。
⑮コウエツの仕事。

❷

①	⑤	⑨	⑬
②	⑥	⑩	⑭
③	⑦	⑪	⑮
④	⑧	⑫	

各2点

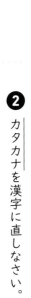

❸ 話し言葉と書き言葉に関する次の問いに答えなさい。

(1) 話し言葉と書き言葉の違いについて、（　）❶〜⑩に当てはまる言葉を後から選び、記号で答えなさい。

（❶）によって、主に目の前にいる相手に伝える言葉を話し言葉という。話し言葉では、「これ」「そっちの方向」「こんな大きさ」のように、その場にあるものや様子を（❷）する語句を活用できる。また、内容を（❸）したり、繰り返したりして伝えることもできる。問題点として、同じ（❹）の言葉を伝えづらいことや、その場で消えてしまうため（❺）に残りにくいことがある。

（❻）によって伝えられる言葉を、書き言葉という。目の前にいない相手にも（❼）を伝えられ、何度も読み返すこともできる。問題点として、どんな相手が読むかわからないため曖昧な書き方では（❽）が生じることがある。正確に情報を伝えるためには、基本的に（❾）語を用いて、表記や（❿）を整える必要がある。

ア　音声　イ　文字　ウ　情報　エ　指示　オ　文末
カ　省略　キ　誤解　ク　発音　ケ　記録　コ　共通

(2) 次のうち、話し言葉の特徴をもつ文にはA、書き言葉の特徴をもつ文にはBを書きなさい。

❶ えっと、明日の四時だよね？　四時なら僕は大丈夫だよ。
❷ 都市部と地方との格差の是正が喫緊の課題である。
❸ 八月六日の河川清掃では、学級委員を中心に作業を行った。
❹ そっちのブラウスも気になります。そう、その青いの。

(3) 次の❶は話し言葉として、❷は書き言葉として、わかりづらいものになっています。それぞれ、適切な文に書き直しなさい。

❶ 私は市立の高校への進学を希望しているため、同一の希望を有する生徒に、放課後の自習室への同行を提案します。
❷ 朝の九時に、あ、来週の火曜の十一月二日だけど、中学のグラウンドに二年三組のクラスのみんなで集まって、クラス写真を撮るって。

❸
(1) ❶　❷　❸　❹　❺　❻　❼　❽　❾　❿　各2点
(2) ❶　❷　❸　❹　各2点
(3) ❶　❷　各6点

Step 2

漢字3 送り仮名（漢字に親しもう6～漢字3）

20分

/100

目標 75点

❶ ――部の漢字の読み仮名を書きなさい。

① 肘をぶつける。
② 堤を築く。
③ 寿をなす。
④ 誉れある賞。
⑤ 粘り強い人。
⑥ 栄養が偏る。
⑦ 後顧の憂い。
⑧ 大きな河川。
⑨ 機織りの仕事。
⑩ 旅客機が飛ぶ。
⑪ 小児科の医師。
⑫ 購入した本。
⑬ 健康診断の日。
⑭ 勇猛な武将。
⑮ 安眠を得る。

❶ ① ② ③ ④ ⑤ ⑥ ⑦ ⑧ ⑨ ⑩ ⑪ ⑫ ⑬ ⑭ ⑮ 各2点

❷ カタカナを漢字に直しなさい。

① 風カオる五月。
② 失敗してコりる。
③ 裏でアヤツる。
④ 足腰をキタえる。
⑤ 報告をオコタる。
⑥ 判断力がニブる。
⑦ 昔のワラベウタ。
⑧ ホガらかな声。
⑨ スコやかな成長。
⑩ 今のジョウキョウ。
⑪ 計画のサマタげ。
⑫ 足をフむ。
⑬ ハナやかな人。
⑭ 字のトクチョウ。
⑮ マチガいを指摘する。

❷ ① ② ③ ④ ⑤ ⑥ ⑦ ⑧ ⑨ ⑩ ⑪ ⑫ ⑬ ⑭ ⑮ 各2点

❸ 送り仮名に関する、次の問いに答えなさい。

(1) 読み方の違いに注意して、次の――線の言葉を漢字と送り仮名で書きなさい。

❶ 育　A 健康な心と体をはぐくむ。
　　　B 親鳥が小鳥たちをそだてる。

❷ 汚　A 絵の具で服がよごれる。
　　　B きたない水を飲んではいけない。

❸ 悔　A 不用意な発言をくいる。
　　　B 試合に負けてくやしい思いをする。

❹ 治　A 日本の国をおさめる。
　　　B 足のけがをなおす。

❺ 触　A 指先でそっと肩にふれる。
　　　B はれものにさわるような態度。

(2) 次の活用のない言葉を漢字に直すとき、送り仮名になる部分があればその部分を書きなさい。なければ×を書きなさい。

❶ うしろ　❷ はなし　❸ かおり
❹ もっとも　❺ ならびに　❻ みさき
❼ わざわい　❽ たたみ　❾ いただき
❿ もっぱら　⓫ ただちに　⓬ ふるえ

(3) 次の文章から、送り仮名が誤っている漢字を抜き出し、正しい送り仮名に直して書きなさい。

❶ 少女《しょうじょ》は、床《とこ》の間《ま》に据《す》え置《お》いたひな飾《かざ》りを羨《うらやま》しそうに見《み》ていた。

❷ 我《わ》が子《こ》を亡《な》くした母《はは》の嘆《なげき》を、周《まわ》りの皆《みな》も痛《いた》ましく感《かん》じた。

❸

(1)					(2)				(3)
❶ A	❸ A	❺ A	❶	❺	❾		❶		
❶ B	❸ B	❺ B	❷	❻	❿		↓		
		各1点							
❷ A	❹ A		❸	❼	⓫		❷		
❷ B	❹ B		❹	❽	⓬		↓		
					各2点		各3点		

テストに出る

送り仮名の付け方の原則

● **活用のある語は、活用語尾を送るのが原則。**
例 表す→表さない　表します　表そう

※例外
形容詞…語幹が「し」で終わるものは「し」から送る。
例 美しい・等しい
形容動詞…「か」「やか」「らか」があるものはその部分から送る。
例 静かだ・細やかだ・柔らかだ

● **活用のない語**
名詞…原則、送り仮名を付けない。　例 里・笛
副詞・連体詞・接続詞…最後の音節を送る。　例 必ず

Step 2

木

20分

／100

目標 75点

1 「木」（田村隆一）の詩を読んで、問いに答えなさい。思

▼教 228ページ～229ページ

(1) 228ページ4行目「ほんとうにそうか」とありますが、作者はどんなことを疑っているのですか。簡潔に書きなさい。

(2) 228ページ6行目「見る人が見たら」とありますが、「見る人」とはどのような人のことだと考えられますか。次から一つ選び、記号で答えなさい。

ア 木のことを好きだと思っている人。
イ 物事の本質を見きわめられる人。
ウ 木と、心と心で対話ができる人。

(3) 228ページ7行目「木は囁《ささや》いているのだ　ゆったりと静かな声で」とありますが、ここで用いられている表現技法を次からすべて選び、記号で答えなさい。

ア 擬人法　イ 擬音語　ウ 体言止め　エ 倒置法

(4) 228ページ8・9行目「木は歩いているのだ……／地の下へ」とありますが、これはどのような言葉に対する反論ですか。詩の中から十五字以内で抜き出しなさい。

点UP (5) 229ページ5・6行目「若木／老樹」とありますが、これは木のどのようなことを説明するためのものですか。

(6) 229ページ10・11行目「木／ぼくはきみのことが大好きだ」とありますが、作者は木のどういうところが好きなのですか。

2 ――線のカタカナを漢字で書きなさい。

❶ 空にイナズマが走る。
❷ ダマって話を聞く。
❸ チュウショウ的な話。
❹ 数字のガイネン。

1						**2**			
(1) 15点	(2) 10点	(3) 10点	(4) 10点	(5) 15点	(6) 20点	❶	❷	❸	❹ 各5点

成績評価の観点　思…思考・判断・表現

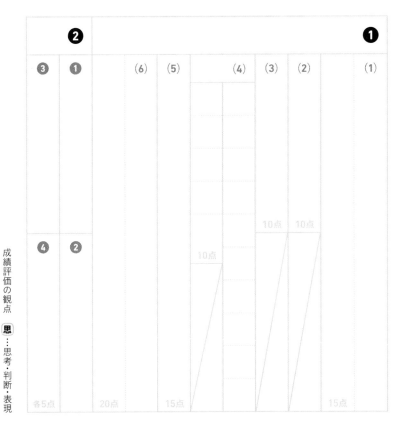

テスト前 ✓ やることチェック表

① まずはテストの目標をたてよう。頑張ったら達成できそうなちょっと上のレベルを目指そう。
② 次にやることを書こう（「ズバリ英語〇ページ，数学〇ページ」など）。
③ やり終えたら□に✓を入れよう。
最初に完ぺきな計画をたてる必要はなく，まずは数日分の計画をつくって，
その後追加・修正していっても良いね。

目標

	日付	やること１	やること２
２週間前	／	□	□
	／	□	□
	／	□	□
	／	□	□
	／	□	□
	／	□	□
	／	□	□
１週間前	／	□	□
	／	□	□
	／	□	□
	／	□	□
	／	□	□
	／	□	□
	／	□	□
テスト期間	／	□	□
	／	□	□
	／	□	□
	／	□	□
	／	□	□

キリトリ線

QRコードのページに登録すると，「ぴたリンク」からも表をダウンロードできるよ

テスト前 ✓ やることチェック表

① まずはテストの目標をたてよう。頑張ったら達成できそうなちょっと上のレベルを目指そう。
② 次にやることを書こう（「ズバリ英語○ページ，数学○ページ」など）。
③ やり終えたら□に✓を入れよう。
最初に完ぺきな計画をたてる必要はなく，まずは数日分の計画をつくって，
その後追加・修正していっても良いね。

目標

	日付	やること１	やること２
２週間前	／	□	□
	／	□	□
	／	□	□
	／	□	□
	／	□	□
	／	□	□
	／	□	□
１週間前	／	□	□
	／	□	□
	／	□	□
	／	□	□
	／	□	□
	／	□	□
	／	□	□
テスト期間	／	□	□
	／	□	□
	／	□	□
	／	□	□
	／	□	□

QRコードのページに登録すると，「ぴたリンク」からも表をダウンロードできるよ

光村図書版 国語2年 ―定期テスト ズバリよくでる― 解答集

〈本体から外してお使いください〉

見えないだけ

2～3ページ Step 1

❶ (1) ア
(2) 冬・春
(3) ウ

考え方

❶ (2) 「蕾《つぼみ》をさし出している」という表現から、季節は春であるとわかる。「次の垣根《かきね》」で見られることだから、今はまだ、冬なのである。

アイスプラネット

4～5ページ Step 1

❶ (1) 前半…アマゾンの動物・後半…アイスプラネット
(2) イ
(3) 僕をからか
(4) 地球の中の宇宙
(5) 北極・流氷が解ける・氷の惑星
(6) ア

考え方

❶ (2) ナマズの大きさをきかれて「一メートル」と言った「僕」に対して、ぐうちゃんは「三メートルのナマズがいる」と答えている。さすがにありえない話だと思った「僕」は、そんなほら話を信じると思われているのかと頭にきているのである。
(3) ぐうちゃんがほら話をするのは、「僕」をからかうためであると、「僕」は考えている。「僕」が驚いたり言い返したりするのをおもしろがっている、ぐうちゃんの様子を読み取る。
(4) ぐうちゃんが今しようとしている「宇宙の話」は、本物の宇宙の話ではなく、「地球の中の宇宙」の話である。
(5) 直前の一文に注目する。

アイスプラネット

6～7ページ Step 2

❶ (1) 例 ぐうちゃんから聞いた話
(2) 例 小学生でも信じないようなほら話
(3) ウ
(4) ほら吹きになって
(5) 例 ぐうちゃんの影響で、「僕」が勉強の意欲をなくすこと。
(6) 例 またぐうちゃんに会って、おもしろい話を聞きたい。

❷ ① 六畳 ② 支度 ③ 突然 ④ 慌

考え方

❶ (1) ぐうちゃんから聞いた話を半信半疑に思っていたので、友達に話すことを迷っていたのである。
(2) ぐうちゃんの話を聞いて、「からかっている」「なめている」と反発しながらも、一方では、もしかしたら本当かもしれないと思っていたのである。「本当だったら証拠があるはず（だ）」という方向での解答も可。
(3) ぐうちゃんの言葉を言い逃れと捉え、自分はからかわれたのだと思って、むっとしている。

(4) 友達に話したことで、自分もぐうちゃんと同じ「ほら吹き」になってしまったと思い、「失敗した」と感じている。
(5) 母は、気ままな暮らしをしているぐうちゃんの生き方が「僕」に影響を与え、「僕」がまじめな生き方をしなくなるのではないかと心配している。
(6) 母親がぐうちゃんを責めるのは「違う」と思ったのをきっかけに、ぐうちゃんを避《さ》けていた自分の行為について考え直している。

枕草子《まくらのそうし》

8〜9ページ Step 1

❶ (1) ①ⓐようよう ⓑおかし ②ア ③烏 ④ア
⑤①例寒さ ②例緩んで
(2) ①かわいらしい ②ウ
(3) ①牛（牛車） ②水が散る ③水晶がわれる

考え方

❶ (1) ①ⓐ「au」は「ô」に直すので、「やう」は「よう」と読む。
③これより前の部分に「烏《からす》の」とあり、「の」が主語を表している。
④現代語では用いられなくなった言葉である。
(2) ②「で」が打ち消しの意味を表す。

漢字Ⅰ　熟語の構成（アイスプラネット〜漢字に親しもうⅠ）

10〜11ページ Step 2

❶ ①したく ②ふにん ③あや ④とつぜん ⑤は ⑥おど ⑦すいしょう ⑧え ⑨けいちょう ⑩にちぼつ ⑪ちつじょ ⑫だとう ⑬もうそう ⑭じんそく ⑮きとく
❷ ①郊外 ②歓迎 ③幼稚 ④極端 ⑤慌 ⑥紫 ⑦趣 ⑧寝 ⑨土壌 ⑩要旨 ⑪宣誓 ⑫原稿 ⑬箇条 ⑭喚起 ⑮奉仕

❸ (1) ①イ・ク ②エ・オ ③ア・ケ ④カ・コ ⑤ウ・キ （各順不同・完答）
(2) ①不 ②未 ③非 ④無 ⑤無 ⑥不 ⑦未
(3) ①ウ・エ ②イ・カ ③ア・オ （各順不同・完答）
(4) ①句→口 ②体→退 ③発→髪 ④同→道 ⑤気→機 （各完答）

考え方

❸ (1) ①「海」と「洋」、「思う」と「考える」が似た意味を表す。
②「男」と「女」、「前」と「後」が対になっている。
③「雷が鳴る」、「国が営む」という主述の関係になっている。
④「会を開く」「席に着く」と読むことができる。
⑤「曲がった線」「水の路（みち）」という意味になる。
(2) 「無」の後には名詞が来ることが多い。また、「未」は「まだ……ない」という意味を表すなど、それぞれ意味や使い方に違いがある。
(3) ①「進学」＋「校」、「運転」＋「席」に分けることができる。
②「悪」＋「天候」、「新」＋「学期」に分けることができる。
③他に「雪月花」「上中下」などがある。
(4) ①「異口同音」は、たくさんの人が口々に同じことを言うこと。
②良くなったり（進）、悪くなったり（退）を繰り返すこと。
③髪の毛一本ほどのところで危機を回避すること。
④「ごんごどうだん」と読む。言葉で言い表せないほどひどいこと。
⑤ある動機をきっかけに、気持ちを一新すること。

クマゼミ増加の原因を探る

12〜13ページ Step 1

❶ (1) a大阪市内の公園や大学　b市外の緑地や森林
(2) ①A ②B
(3) ①ヒートアイランド現象による環境変化 ②ア・イ（順不同）
③地上で外気にさらされる・小さく未熟

(4) アリに襲～でしまう
(5) A ④　B ③

考え方

❶ (1)「大阪市内の公園や大学では、やはりクマゼミが圧倒的に多く」、「市外の緑地や森林には、依然としてアブラゼミが多く」に着目する。

(3) ①筆者は、セミの変化と並行して起こっている自然環境の変化として、「この地域の都市化、気温上昇、湿度の低下」に着目した。これを言いかえた言葉が、「ヒートアイランド現象による環境変化」である。

②最も気温上昇の影響を受けやすい段階として、卵の段階と、孵《ふ》化《か》して土に潜る段階に着目している。

③最後の段落に注目。「生存が左右されるおそれがある」環境である。

(4) 幼虫は一時間以内に地中に潜らないと、アリに襲われたり乾燥したりして死んでしまうことが、文章の最後の部分で指摘されている。

クマゼミ増加の原因を探る

14～15ページ Step 2

❶ (1) ①例 クマゼミの幼虫は土を掘る力が強いため、硬化した地面にも潜ることができるという仮説。

②例 クマゼミが多いところは土が硬く、少ないところは土が軟らかいという測定結果。

(2) 例 地面が軟らかい方が、幼虫が地面に潜りやすいという関係。

(3) イ

(4) イ

(5) 例 世間でいわれていることをうのみにせず、科学的な根拠を積み上げることが大切だということ。

❷ ①捕　②休眠　③顕著　④耐

考え方

❶ (1) ①「仮説3」にあたる内容である。

②どこにどのセミの抜け殻があるかという調査に加え、その場所の土の硬さも測定したのである。

(2) 幼虫は軟らかい土の方が潜りやすいが、都市部の舗装された地面には潜ることができず、残された公園などの土も踏み固められ、乾燥して非常に硬いのである。

(3) まとめの部分の、「私たちの検証の範囲で関連が認められるのは」以下に着目する。ここでは仮説ではなく結論なので、測定や実験から確実にわかることのみをまとめている。

(4) 筆者は、環境の変化と生物の関係について、簡単に関連付けることには否定的である。

(5) (4)を踏まえて、どのようにしていくことが大切だと述べているかを、最後の一文から捉える。

文法への扉1　単語をどう分ける?(クマゼミ増加の原因を探る～漢字に親しもう2)

16～17ページ Step 2

❶ ①がら　②ほそう　③か　④もぐ　⑤れいど　⑥やわ　⑦ひっす　⑧うか　⑨さんらん　⑩かた　⑪いかん　⑫はんざつ　⑬きぐ　⑭ごらく　⑮かんゆう

❷ ①捕　②顕著　③乾燥　④耐　⑤緩和　⑥狙　⑦遭　⑧壁　⑨抽象　⑩治療　⑪慈悲　⑫素朴　⑬妨　⑭飽　⑮婚姻

❸ (1) ①エ　②ア　③カ　④ウ　⑤イ　⑥オ
(2) ①イ　②ア　③オ　④ウ　⑤ウ　⑥エ
(3) ①イ　②ウ　③ウ　④ア
(4) ①エ　②イ　③ウ　④ア

考え方

❸ (1) ①自立語で活用がなく、主語になる。

②自立語で活用がなく、主に用言を修飾する。
③終止形は「静かだ」。自立語で活用があり言い切りが「だ」で終わる。
④自立語で活用がなく体言を修飾する。「大きい」の活用ではない。
⑤自立語で活用がなく前後の文をつなぐ。
⑥自立語で活用がなく独立語として用いられる。

(2) 名詞の種類を区別する。⑤「坊っちゃん」は普通名詞として用いられる場合もあるが、ここでは作品名を表すので固有名詞である。

(3) ②「決して」の後には「……ない」、③「まるで」の後には「……ように」という決まった言い方が続くので、いずれも呼応の副詞。

(4) ①前の文と後の文で、話題を切り替えている。
②前の文と後の文の内容が対立している。
③前の文と後の文から、どちらかを選ばせる。
④前の文を原因として予想される結果につながる。

「自分で考える時間」をもとう

18～19ページ Step 1

❶ (1) 編集・情報
(2) ①ウ ②ア ③イ
(3) 放送局・地域
(4) ミスから～込むこと・どちらか～えること（順不同）
(5) 事実無根のにせの
(6) ア

考え方

❶ (1) 前の文で、情報が編集されているということが述べられている。そして、これ以降の文では、この編集された情報のうち、テレビのニュースを取り上げる、と述べている。
(2) 二つ目の段落に注目する。何の情報を伝えるかは、時間帯によって変わってくるのである。

(4) 「ただ、あってはならないことですが……」で始まる段落に着目する。あってはならないことだが、ありえる、と指摘している。

(5) 『フェイクニュース』という……ニュース」に着目。情報を誰でも発信できるようになったため、完全なフェイクニュースでも、拡散されて事実だと誤解される場合があるという問題がある。

短歌に親しむ／短歌を味わう

20～21ページ Step 1

❶ (1) ①薔薇のとげ（新芽のとげ） ②新芽のと
(2) ①夏のかぜ ②視線
(3) ①イ ②イ
(4) ウ
(5) 二

考え方

❶ (1) ①「薔薇《ばら》のとげ」を、やわらかい針にたとえている。
②薔薇の芽は、かたくなれば本物の針のように鋭く刺すが、新芽はまだみずみずしく、柔らかい。そんな柔らかい「針」が、雨にぬれている様子を表現している。
(2) ①山からの夏の風に気持ちよさそうに馬たちがふかれている様子を、「若馬」の耳に注目して描いている。
②短歌の視線が、初めは夏の山にあり、ふかれた風に乗って牧場へ下り、やがて馬の耳のアップになっている。
(3) ②海の青色にも空の青色にも染まらず、真っ白なままで孤独にただよう白鳥の姿に、あこがれと共感を抱いている。
(5) 「山よりきたり」「かなしからずや」「回れよ回れ」と、いずれも二句で切れている。

言葉の力

22～23ページ Step 1

❶ (1) 淡いよう～ている色
(2) イ
(3) 染織家
(4) 春先、も～である。
(5) 幹のピンク・樹皮のピンク・樹液のピンク（順不同）
(6) 活動の精髄・一つの現象

考え方

❶ (1) 直後の文で「桜色」を「ピンク」と言いかえて、「そのピンクは……」と説明している。
(2) 筆者が見ている「なんとも美しい桜色に染まった糸で織った着物」の色のことである。志村《しむら》さんはこれを、見た目はまったくピンクではない桜の皮から取り出したものであると言っている。
(4) 直後の一文で説明されている。桜の姿を思い浮かべ、不思議な感じに襲われたのだ。
(5) 「桜は全身で春のピンクに色づいていて」とあるのに着目。それより前の部分で、「全身」が具体的に何を指すのかが述べられている。

言葉1　類義語・対義語・多義語（メディアを比べよう～翻訳作品を読み比べよう）

24～25ページ Step 2

❶ ①あ　②ひなんじょ　③けいさい　④しょせき　⑤ていねい　⑥やさ　⑦まき　⑧さわ　⑨すいせん　⑩わ　⑪のうり　⑫ひ　⑬れんか　⑭しんし　⑮けいそつ

❷ ①活躍　②開催　③漫画　④被害　⑤託　⑥鑑賞　⑦鮮　⑧恐竜　⑨悠然　⑩一滴　⑪語彙　⑫淡　⑬華　⑭煮　⑮精髄

❸ ①低い　②閉じる　③下ろす　④はく　⑤端　⑥用意　⑦価格　⑧書物

❹ ①ウ　②オ　③エ　④ア

考え方

❸ ①「価格が高い」の反対は「価格が安い」。
②「ドアを開く」の反対は「ドアを閉める」。
③「腕を上げる」の反対は「腕を下げる」。
④「服をぬぐ」の反対は「服を着る」。
⑤どれもある場所の一部のことだが、指し示す場所の違いに注意。
⑥「予定」は心の中で準備をすること。ここでは実際の荷造りなどを指す。
⑦「値段」「価格」「費用」「料金」などの使い分けに注意する。
⑧「辞書」は「書籍」「書物」の中の一部を指す。

❹ 多義語は、漢字で書いたときに違いがあることも多いので注意して使い分ける。

盆土産《みやげ》

26～27ページ Step 1

❶ (1) ウ
(2) イ
(3) ドライア～が来た
(4) 東京の上～かかる。
(5) ①えびフライ（大きなえび）・目をみはった　②ウ

考え方

❶ (1) 姉は生まれて初めてドライアイスを見たので、どういうものなのかよくわかっていない。ただ、父が東京から持ち帰った土産《みやげ》から不思議なものが出てきたので、それを落としてしまったことを「もったいない」と感じている。
(2) 「もうもうと湯気のようなものが噴き出て」くる、触ると「指先

がひりっ」とし、「指先に吸い付いてくる」不思議な物体を、主人公が得体の知れない生き物のように感じていることがわかる。

(4) 東京から家までは、夜行電車とバスを乗り継ぎ、九時間もかかるのである。それだけの距離を、たくさんのドライアイスを入れてえびフライを持ち帰った父親の苦労を想像する。

盆土産《みやげ》

28〜29ページ　Step 2

❶
(1) 例 祖父や母に満足なお墓も作ってあげられないほど、一家が貧しい様子。
(2) 例 祖父と母に、昨夜食べたえびフライがおいしかったということを報告しているから。
(3) ア
(4) 例 すぐに東京へと戻ってしまうことで、息子を寂しい気持ちにさせることが申し訳ないという思い。
(5) 例 父とまた離れ離れになるのだということを強く実感し、悲しくなったから。
(6) ウ
(7) 例 家族がそろう、一家だんらんの楽しい思い出を象徴する意味。

❷ ①跳　②柵　③冷凍　④焦

考え方

❶
(1) 立派な墓石もなく、「丸い石を載せただけ」の墓しか作ることができない一家の状況を捉える。
(2) 続く部分に注目する。祖母は、初めて食べたえびフライがとてもおいしかったことを、墓の中にいる祖父や母に報告している。貧しいなりに幸せだと感じることも多いことや、父が自分たちにできる限りのことをしてくれるということを報告する意図もあるのだろう。
(3) 「上目でしか見られなく」なるとは、墓を直視できないということ。死ぬまでえびフライのようなうまいものを食べることができなかった母親に、申し訳なさを感じている。
(4) 「今度は正月に帰るから、もっとゆっくり」という意味。今回の帰省で、本当に短い時間しかいっしょにいられなかったことを、申し訳なく思っていることがわかる。
(5) 父の言葉で、いよいよ別れの時が迫ったことを実感したのである。
(6) 主人公は、本当にドライアイスの心配をしたわけではない。ただ、何か言わないと泣き出しそうだったため、別の話をして涙をまぎらしたのである。
(7) 父が帰省のときに買ってきてくれたえびフライを家族みんなで食べた短い時間は、家族にとって貴重な、楽しい思い出である。「えんびフライ」という言葉には、そんな自分の思いや、父への感謝が込もっているのである。「家族の楽しいだんらんを思い起こさせるという意味。」などでも可。

字のない葉書《はがき》

30〜31ページ　Step 1

❶
(1) イ
(2) イ
(3) こそばゆいような晴れがましいような
(4) 威厳と愛〜ない父親
(5) 暴君ではあったが、反面照れ性
(6) イ

考え方

❶
(1) 父は、まめに手紙を書く人だったが、親元を離れた娘に対しても同じように手紙を書いてよこしたということである。
(3) 「向田《むこうだ》邦子《くにこ》殿」という表書きの手紙を受け取って、「突然の変わりよう」に驚いている。
(4) 自分がよく知っている父の姿とは全く違っていることに、とまどっている。

(5)「照れ性」な父には、普段と同じ調子で娘に手紙を書くことはできなかった。また、手紙の中の「威厳と愛情にあふれた非の打ちどころのない父親」は、父が本当ならそうでありたかった父親像でもあるのだろう。

字のない葉書《はがき》

32〜33ページ Step 2

❶ (1) ① 例 あまりに幼くて不憫だから。

② 例 一家全滅するよりも、せめて幼い娘の命だけは救ってやりたいと考えたから。

(2) 妹は、まだ字が書けなかった。

(3) 遠足に〜いった

(4) イ

(5) 例 つらい思いをし、病気になってしまった妹を、少しでも喜ばせたかったから。

❷ ①殿 ②挨拶 ③行儀 ④叫

―考え方―

❶ (1) ①「手放さなかった」＝「疎開に出さなかった」理由である。

②「一家全滅《ぜんめつ》するよりは」の後には、「いいだろう」などの言葉が省略されている。その部分に、まだ幼い娘（下の妹）に対する両親の気持ちを考えて加える。同様の内容なら正解。

(2) 直後の文にある。

(3) 疎開の意味がわからない妹は遠足気分なのである。

(4) 遠足気分の楽しさが、家族と離れた寂しさに変わったことがわかる。また、食事も貧しいものになったのだろう。

(5)「これぐらいしか妹を喜ばせる方法がなかった」に着目。幼い妹につらい思いをさせていたのがかわいそうで、どうにかしてなぐさめてやりたいと考えたのだ。

言葉2　敬語（盆土産《みやげ》〜言葉2）

34〜35ページ Step 2

❶ ①ぼん ②ていせい ③つ ④き ⑤いちじる ⑥つぶ ⑦や ⑧かたまり ⑨えら ⑩しょうじん ⑪しょくたく ⑫しゃしょう ⑬しょう ⑭はだ ⑮ぞうすい

❷ ①漬 ②敏感 ③唐突 ④囲炉裏 ⑤濁 ⑥揚 ⑦潰 ⑧砕 ⑨湾曲 ⑩蓋 ⑪緻密 ⑫挨拶 ⑬行儀 ⑭縫 ⑮餅

❸ (1) ①Aイ　Bウ ②Aア　Bイ ③Aエ　Bオ ④Aウ　Bエ ⑤Aオ　Bア

(2) ① 例 召し上がって

② 例 お持ち帰りになり

③ 例 ご案内し

④ 例 拝見する

―考え方―

❸ (1) ①目上の人の動作には、尊敬語を用いる。

②知らない人に話しかける場合は、丁寧語を用いる。

③丁重語は謙譲語の中で、聞き手への敬意を示すものである。

④自分の動作を目上の相手にへりくだって言うときは、謙譲語を用いる。

⑤美化語は誰かに対する敬意ではなく、自分自身の言葉を美しく表現するもののことである。

(2) ①「いただく」は謙譲語なので、相手の動作に用いるのは不適切。

②「お……する」は謙譲語。「お……なさる」「お…になる」が尊敬語。

③「ご……になる」は尊敬語。「ご……する」が謙譲語。

④「ご覧になる」の形で「見る」の尊敬語。謙譲語は「拝見する」。

漢字2　同じ訓・同じ音をもつ漢字（盆土産《みやげ》～漢字に親しもう3）

36～37ページ　Step 2

❶ ①しんさつ　②ちんしゃ　③かんがい　④ふくし　⑤りんり
⑥と　⑦かね　⑧くじゅう　⑨きょうじゅ　⑩じょうぞう
⑪はちみつ　⑫せんちゃ　⑬じゅうてん　⑭かじょう
⑮せんざい

❷ ①串　②不吉　③沼　④唾液　⑤崖　⑥叱　⑦叫　⑧来賓
⑨配膳　⑩海藻　⑪摂取　⑫麺類　⑬佳作　⑭凹凸　⑮募集

❸ (1)①ウ　②ア　③カ　④オ
(2)①ア　②イ　③イ　④イ　⑤ウ
(3)①証明　②照明　③解放　④開放
(4)①ア　②イ　③イ　④ア　⑤イ

考え方

❸ (1)①②「あげる」という訓読みをもつ漢字の使い分けである。「上げる」は「荷物を網棚に上げる」のように、高くすること。「揚げる」は、「たこを揚げる」のように、地中から空、水中から陸に移すこと。「揚げ物料理をする」意味でも用いられる。「挙げる」は「具体例を挙げる」のように、よく見えるように示すこと。
③④「つとめる」という訓読みをもつ漢字の使い分けである。それぞれ「勤労」、「努力」、「義務」のように熟語にしてみると意味の違いがわかりやすい。
(2)①「早い」は時間が、「速い」は動作が、はやいことである。
②「採血」という言葉がある。
③「渇く」は喉がからからで水分がほしい状態、「乾く」は水分が飛んでしまうこと。
④「映す」は何かの表面に姿を投影すること、「写す」はそっくりに表すこと、「移す」は場所を動かすこと。
⑤「納税」という言葉を思いうかべるといい。また、その他についても「収集」「修学」「統治」などをもとに考える。
(3)①②「照明」は「明るく照らす」、「証明」は「証（あかし）を明らかにする」という意味。
③④「カイホウ」には「快方」「解法」など同音異義語が多いので、使い分けに注意する。
(4)①「指図する」という意味なので「指示」。
②「思いのほか」という意味なので、「意外」。
③「損害をおぎなう」という意味なので、「補償」。
④「意味、重要さ」という意味なので、「意義」。
⑤「他のものと比べ合わせて違いが明らかである」という意味なので、「対照」。

モアイは語る――地球の未来

38～39ページ　Step 1

❶ (1)①食料危機・抗争　②十七世紀
(2)ア
(3)食料不足や資源の不足
(4)イ
(5)とするなら

考え方

❶ (1)①直前の一文の内容をまとめる。
②イースター島の文明が崩壊した時代にあたる。最初の段落の最後の一文で書かれている。
(3)イースター島では、人が増えたために深刻な食料危機が起こり、部族間の抗争も頻発して文明が崩壊してしまった。現代では地球全体で爆発的な人口増加が続いており、いずれ食料不足や資源の不足が起こるだろうと指摘している。
(4)イースター島と地球の共通点は、どちらも外部とのつながりがないことである。絶海の孤島であるイースター島では、どこからも食料を運んで来ることができなかったが、同じように地球全体が食料不足に陥れば、外部から食料を運び込むことができなくなるのである。

モアイは語る——地球の未来

40～41ページ Step 2

❶ (1) ① 森の消滅

② ・例 表層土壌が流出し、バナナやタロイモの栽培ができなくなったから。

・例 船を造れなくなり、たんぱく源の魚を捕ることができなくなったから。（順不同）

(2) ウ

(3) ・例 森林がなくなれば生命が脅かされるという問題。

・例 食料が枯渇すればどこからも運んで来られないという問題。（順不同）

(4) 例 二〇三〇年に地球の人口が八十億人を超えると、食料や資源の不足が生じるという問題。

(5) 例 今あるこの有限の資源をできるだけ効率よく、長期にわたって利用する方策を考えること。

❷ ① 謎　② 凝固　③ 搬入　④ 薪

一考え方一

❶ (1) ①イースター島の食糧難の根本的な原因は、森林の消滅である。

②森林の消滅がなぜ食料危機につながったのかを、二つに分けておさえる。食料の栽培と魚の漁に影響を与えたのである。

(2) イースター島はモアイ像を千体以上も作り上げることができるほどの豊かな文明をもっていたのに、食料危機によってあっけなく崩壊してしまったのである。

(3) イースター島の運命は日本にも重ね合わせられるが、地球全体も、「孤島」という意味では同じような側面をもっているのである。

(4) 地球の農耕地には限りがあり、そこで生産できる食料も有限だが、地球の人口は爆発的な増加を続けているのである。

(5) 最終段落で述べられている筆者の主張を捉える。

月夜の浜辺（漢字に親しもう4）

42～43ページ Step 2

❶ (1) ⓐ おちていた　ⓑ ほうれず

(2) ウ・エ（順不同・完答）

(3) A 月　B 夜

(4) 例 月夜の晩に浜辺で拾ったボタンのこと。

(5) 抛れず

(6) A 空　B 海（順不同）

(7) 例 拾ったボタンになぜか心をひかれ、手放したくないと思う気持ち。

❷ ① 陣頭　② 狩猟　③ 勃発　④ 痕跡

一考え方一

❶ (1) 旧仮名遣いで書かれている詩である。「ゐ」は「い」に、「はふ」は「ほう」に直す。

(2) 「月夜の晩に……落ちてゐた」が繰り返されている。また、「月に向《（ムカッ）》つてそれは抛《はふ》れず／浪《なみ》に向つてそれは抛れず」の部分では、対句が用いられている。

(3) 「月夜の晩」が繰り返されている。月が明るい夜に、作者は海辺を散歩しているのである。

(4) 作者が月夜の晩に拾ったボタンのことである。

(5) 「捨てる」と「抛る」は同じような行為を表す。どこにも抛ることができなかった、ということである。

(6) 「月」「波（浪）」が、それぞれ空と海を象徴している。作者は夜の海辺を歩いているのだから、見えるものは空と海しかない。そのどちらにも、ボタンを抛ることができなかったのである。

(7) 「捨てるに忍びず（捨てることにたえられず）」という言葉が繰り

返されているが、最後の部分では、もう少し強い調子で「どうしてそれが、捨てられようか？」と述べている。ボタンがなんだか大切なものに思え、大切に持っていたいという作者の思いを読み取ることができる。

平家物語／扇の的——「平家物語」から

44〜45ページ Step 1

❶ (1) ① 風の前の塵　② ア　③ 琵琶法師
(2) ① ⓐ 舟　ⓑ 与一　② ウ
③ イ
④ 扇もくし〜めいたり

考え方

❶ (1) ①「平家物語」では、対句表現が多くみられる。この冒頭部でも、「おごれる人も……夢のごとし」と「たけき者も……塵に同じ」が対句になっている。
③「平家物語」は、琵琶法師によって語られた軍記物語である。
(2) ①「揺り上げ揺りする漂」ったのは「舟」。一方、祈りをささげた後で「目を見開いた」のは「与一《よいち》」である。
③ 直訳すれば「晴れがましくないということはない」となり、「晴れがましい」という意味になる。
④ 風がやんで「射よげ」になるまでは、風にひらめいて全く静止していなかった。

平家物語／扇の的——「平家物語」から

46〜47ページ Step 2

❶ (1) ⓐ いうじょう　ⓑ しずみぬ
(2) ひやうど・ひやうふつと（順不同）
(3) 扇は空へぞ上がりける
(4) ① イ
② 例 与一に、扇が立っているところで踊っている男を射殺することを命令した。
(5) ウ
(6) 例 与一の腕に感動して舞を舞っている男を射るのが、あまりにも非情だと感じた。

❷ ① 突如　② 女房　③ 手綱　④ 僅

考え方

❶ (1) ⓐ「ぢ」を「じ」にした上で、「じやう」を「じょう」に直す。
ⓑ「づ」を「ず」に直す。
(2)「さつと」は、様子をそれらしく表す擬態語で擬音語ではない。
(3)「かぶらは」と「扇は」、「海へ」と「空へ」、「入りければ」と「上がりける」がそれぞれ対応している。
(4) ① 伊勢三郎義盛《いせのさぶろうよしもり》が「御定《ごじょう》」（＝御命令）と尊敬語を使っていることから、もっと位の高い人の命令だとわかる。
②「つかまつれ」は「しろ」の謙譲語。続く部分で、命令を受けた与一が何をしたかに着目する。
(5) 義経《よしつね》の言葉にみんな感動した、ということ。この場面では、自分の落とした弱々しい弓を見た者が自分を嘲笑するに違いない、と思った義経が、命懸けで弓を取りに戻った、という話である。この武士としての義経の心構えに、みんな感動したのである。
(6)「情けなし」は「心ない」の意味。思いやりがない、情緒を解さないということである。

仁和寺《にんなじ》にある法師——「徒然草《つれづれぐさ》」から

48〜49ページ Step 1

❶ (1) ウ
(2) あやしゅうこそものぐるおしけれ
(3) ⓐ ア　ⓑ エ　ⓒ ア

(4) ①係り結び（の法則） ②こそ
(5) ア
(6) イ
(7) 少しのこと

考え方

❶(1)「つれづれ」は、手持ちぶさたで退屈《たいくつ》であることを意味する。
(2)「しう（siu）」は「しゅう（syû）」に、「ほ」は「お」に直す。
(3) 会話文は、誰が言っているのかを正確につかむ。石清水八幡宮《いわしみずはちまんぐう》から帰ってきた「仁和寺《にんなじ》にある法師」が仲間に語っている。
(5)「ゆかしかりしかど」の意味に当たる部分である。「ゆかし」は、知りたい、見たいなどの気持ちを表す。
(7) 最後の一文に筆者の言いたいことがまとめられている。先達《せんだち》（先導者）がいなかったために失敗をした仁和寺の法師の例から、「ちょっとしたことでも、その道の先導者はあってほしいものだ」と述べている。

漢詩の風景

50～51ページ Step❶

❶(1) 寝床の中
(2) 悠然と自
(3) 夜が明け
(4) 処　処　聞クニ　啼　鳥ヲ一
(5) 転句
(6) ①五言絶句 ②律詩
(7) さらに展開・全体を締めくくる

考え方

❶(1) 作者は春の眠りがあまりに気持ちいいので、まだ寝床の中にいて、昨夜の風雨のことを思い出している。
(3)「暁」とは「夜明け」のこと。「暁を覚えず」とは、「夜明けが来たことに気づかない」、つまり、まだ起きなければならないと思いたくない、ということである。
(5) 絶句は「起句、承句、転句、結句」から成る。大きく情景や心情が変わるのは、転句の部分である。
(6) ①一行が五字（五言）の四行詩（絶句）なので、「五言絶句」である。
②八行から成る詩は、律詩である。
(7)「起承転結」の構成は漢詩の基本だが、小説の構成などにもよく用いられる。

漢詩の風景

52～53ページ Step❷

❶(1) ①五言絶句 ②七言絶句
(2) 転句・結句（順不同）
(3) 碧・白・青・然（順不同・完答）
(4) いっそう
(5) ア
(6) ①ア ②ウ
(7) ③古くからの親友 ⑤春がすみ
(8) 故　人　西ノカタ　辞シ二　黄　鶴　楼ヲ一
(9) 例 孟浩然とはもう二度と会えないかもしれないということがつらく、いつまでも別れを惜しんでいる。

❷ ①平凡 ②締 ③敷 ④旧暦

考え方

❶(1) 詩の形式は、「一行の字数」と「全体の行数」で決まる。一行が五字のものは五言詩、七字のものは七言詩。また、四行から成るものは絶句、八行から成るものは律詩である。
(2) それぞれの行を「起句、承句、転句、結句」と呼ぶ。この詩では、起句、承句で情景を、転句、結句で心情を描いている。

(3) 現代文でも詳しく説明されている。「然」は、燃えるような赤色のことである。
(4) 現代文の部分と見比べる。「鳥は」と「白く」の間にある内容である。
(5) 「今春看《みすみ》す又過ぐ（今年の春も、あれよあれよという間に過ぎてゆく）」に着目する。作者は、家族と会えないままに月日だけが過ぎていくことを嘆《なげ》いている。
(6) 作者は黄鶴楼《こうかくろう》にいて、孟浩然《もうこうねん》が船で旅立っていくのを見送っている。
(7) 「故人」は、「亡くなった人」という現代語とは意味が違うので注意する。
(8) 「黄鶴楼」から「辞」に返って読む。
(9) 孟浩然とは、これが今生の別れになる。もう二度と会えないことがつらく、はるか遠くへと消えていく船の姿をいつまでも見送っている様子が描かれている。

君は「最後の晩餐《ばんさん》」を知っているか／「最後の晩餐」の新しさ

54～55ページ　Step 1

❶ (1) ミラノ・壁画・十五世紀末
(2) ①キリスト　②裏切りがある、という予言を耳にした
③手のポーズ　④静かな水～が広がる
(3) ア

—考え方—

❶ (1) 「最後の晩餐」について、「どこにあり」、「いつ描かれたのか」を読み取る。
(2) ①「最後の晩餐」の中央に描かれているのはイエス・キリストであり、キリストを囲むように三人ずつの人物が配置されている。
③手のポーズによって心の動きを表現している。レオナルドが人体の解剖を通して、体の仕組みを知り尽くしていたことが説明されている。
④「……ように」という表現に着目して探す。

君は「最後の晩餐《ばんさん》」を知っているか／「最後の晩餐」の新しさ

56～57ページ　Step 2

❶ (1) ①遠くの～見える　②キリス～がある
③例 部屋に奥行きが感じられるようにする効果。
例 絵を見る人の視線が自然とキリストに集まる効果。（順不同）
(2) ①例 描かれた部屋の明暗と、食堂の窓から差し込む現実の光の方向を一致させる計算。
②例 壁に描かれた絵の中の部屋と、実際の部屋が連続しているように見えるもの。
(3) 例「最後の晩餐」の絵を見ることで、レオナルドが究めた絵画の科学と、そのあらゆる可能性を目のあたりにできるから。

❷ ①屈伸　②水紋　③輪郭　④色彩

—考え方—

❶ (1) ①傍線部の後に「遠近法の原理」という言葉が出てくることに着目する。
②偶然キリストを中心に遠近法が用いられたのではないことが、キリストのこめかみに、糸を張るためのくぎの跡が残っていることからわかるのである。
③見る人が遠近法を特に意識しなくても、消失点であるキリストの顔に自然と視線がくるようにできている。
(2) ①三行後の「そのため」とは、「描かれた部屋の……合致」するように描かれているため、ということである。
②描かれた部屋の光と現実の光の方向が合致しているために、両者がどのように見えるのかを読み取る。
(3) 直前の「これ」は、その前の文の内容を指す。ここまでの説明を踏まえて、「最後の晩餐」とはどういう絵かをまとめた一文なので、

これを中心にまとめる。

文法への扉2 走る。走らない。走ろうよ。（平家物語～研究の現場にようこそ）

58～59ページ Step 2

❶ ①とつじょ ②たづな ③おも ④た ⑤まさ ⑥ふんいき ⑦きゅうれき ⑧しばい ⑨でし ⑩きわ ⑪すで ⑫めいおう ⑬きゅうりょう ⑭ぜつめつ ⑮くとう

❷ ①扇 ②僅 ③漂 ④鋭 ⑤寝床 ⑥敷 ⑦沈 ⑧解剖 ⑨衝撃 ⑩容貌 ⑪狭 ⑫剝 ⑬洞窟 ⑭湿潤 ⑮肥沃

❸ (1) ①ア ②エ ③ウ ④イ ⑤オ ⑥ア ⑦イ

(2) ①Aカ Bイ ②Aア Bイ ③Aア Bオ ④Aキ Bイ ⑤Aイ Bウ ⑥Aア Bイ ⑦Aウ Bア ⑧Aオ Bエ ⑨Aウ Bア ⑩Aキ Bア

(3) ①イ ②ウ ③ア

考え方

❸ (1) 活用の種類は、動詞に「ない」をつけることで確認することができる。「ない」の直前がア段なら五段活用、イ段なら上一段活用、エ段なら下一段活用である。特別な活用をする「する」「〇〇する」（サ行変格活用）と、「来る」（カ行変格活用）にも注意する。

(2) 「ない」「う」がつくのは未然形、「ば」がつくのは仮定形など、それぞれ続く言葉を覚えるとよい。

(3) 音便とは、五段活用の動詞の連用形で、「書く」が「書きて」から「書いて」に変わるように、発音しやすいように変化したものである。

走れメロス

60～61ページ Step 1

❶ (1) ア (2) 花嫁の衣装 (3) イ (4) 人を信ずる (5) ア (6) ウ

考え方

❶ (1) メロスが激怒したのは、シラクスの町で王が人を殺すという話を聞いたからである。

(3) 妹の花嫁衣装を買うためにシラクスの町に来たメロスだが、不自然なほどひっそりしている町の様子を怪しく思っている。

(5) 王の非道な行いを聞いたメロスは激怒して、王を殺そうと決めた。普通ならそこでいろいろな計画を立てるだろうが、「単純な男」だったため、そのまま短剣をもって王を殺しに行ったのである。

(6) 王の行いに激怒し、殺しに行こうとするほど正義感の強い人物だが、後先も考えず短剣をもっていき、そのまま捕まってしまう。「洞察力」はあまりない男であるといえる。

走れメロス

62～63ページ Step 2

❶ (1) ア (2) セリヌンティウス (3) 黒い風のように (4) ア・ウ（順不同） (5) 例 今から行っても日没には間に合わず、セリヌンティウスは殺されてしまうこと。

(6) 例 セリヌンティウスだけでなく、メロスも死んでしまうこと。
(7) 例 メロスはきっと来ると信じているから。

❷ ①花婿　②眉間　③到着　④氾濫

考え方

❶ (1) メロスの独白で、自分自身に「おまえは真の勇者だ」と言い聞かせている場面である。信実を貫き通してセリヌンティウスの命を救うため、一度倒れても再び起き上がり、走りだそうとする自分を励ましている。

(2) メロスの身代わりではりつけになろうとしているのは、友のセリヌンティウスである。

(3) 「黒い風のように」は直喩を用いて全速力で走る様子を表現している部分。一方、「少しずつ沈んでゆく太陽の、十倍も速く」も比喩的な表現であるが、比喩を用いていることは明示されていない。

(4) セリヌンティウスの弟子であるフィロストラトスの声である。メロスの身代わりとなり、今しもセリヌンティウスがはりつけになろうとしていることを嘆き、絶望している。

(5) 今から急いで刑場へ行っても、セリヌンティウスの刑に間に合わない、と言っている。

(6) 「ご自分のお命」とは、メロス自身の命のこと。今から刑場へ行けば、セリヌンティウスだけでなく、メロスも殺されるかもしれない。また、メロスもぼろぼろになりながら走っていて、無事で走り切れるかもわからないのだと考えられる。

(7) セリヌンティウスは最後までメロスが戻ってくるのだと信じていた。そのため、メロスが来ないのではないかと心配することもなく、全く平気な様子でいるのである。

走れメロス

64～65ページ　Step 2

❶ (1) イ
(2) メロス…例 一度だけ、戻るのをやめようかと迷ったから。
セリヌンティウス…例 一度だけ、メロスが戻らないのではないかと疑ったから。
(3) 例 お互いの信頼の深さを確かめ合えたことに、喜びを感じたから。
(4) ア
(5) 例 信実は空虚な妄想ではないことを知り、かたいきずなで結ばれた仲間。

❷ ①山賊　②隙　③卑劣　④蹴

考え方

❶ (1) 「あっぱれ」は、優れて見事なことの意味。王との約束を守ったメロスをたたえている。

(2) どちらも、三日のうちに一度だけ迷いが生じたことを告白し、お互いを殴ることで信頼を取り戻そうとしている。

(3) 二人が声を放って泣いたのは、お互いに裏切りを考えたことを告白し、許し合ったからである。

(4) メロスが望んでいたのは、人を信じられない王が、人の心の信実を知ることである。メロスとセリヌンティウスのやりとりを見て、王は「信実とは、決して空虚な妄想ではなかった」と言い、二人の仲間に入ることを望んだのである。

(5) お互いを深く信じあっているメロスとセリヌンティウスの仲間になるということである。

文法への扉3　一字違いで大違い（走れメロス～文法への扉3）

66～67ページ　Step 2

❶ ①はなむこ　②はなよめ　③けんしん　④ひとじち

⑤けいり ⑥たみ ⑦むく ⑧とうちゃく ⑨ととの
⑩む ⑪くる ⑫まこと ⑬さんぞく ⑭あお ⑮な

❷ ①邪悪 ②暴虐 ③眉間 ④命乞 ⑤亭主 ⑥一睡 ⑦祭壇
⑧承諾 ⑨新郎 ⑩生涯 ⑪酔 ⑫拳 ⑬湧 ⑭氾濫
⑮隙

❸ (1)①ア ②イ ③ウ ④イ
(2)①イ ②ア ③ウ ④エ
(3)①イ ②ア ③エ ④ウ
(4)①イ ②ウ

—考え方—

❸ (1)②・④は、それぞれ「行く」「電話する」という用言を修飾するので連用修飾語。③は「演奏」という体言を修飾するので連体修飾語である。
(2)④「大人」という極端な例を出して、他を類推させる言い方である。
(3)①「雨だ。それならば大会は中止だ。」、②「寒い。だから上着を着た。」のように、二つの文に分けられることが多い。
(4)①受け身の表現。
②「しない」は「する」に打ち消しの助動詞「ない」がついたもの。アは補助形容詞、イは形容詞、エは、「情けない」で一語である。

言葉3　話し言葉と書き言葉（走れメロス～言葉3）

68～69ページ　Step 2

❶ ①いもむし ②しんく ③しし ④ふうてい ⑤うら
⑥ばんざい ⑦めんえき ⑧じゅんかん ⑨にょう
⑩しょうそう ⑪むぼう ⑫ふきゅう ⑬かんせんしょう
⑭あいまい ⑮さび

❷ ①路傍 ②欺 ③卑劣 ④醜 ⑤蹴飛 ⑥裸眼 ⑦抱擁
⑧補聴器 ⑨痩 ⑩治癒 ⑪皮膚 ⑫撤回 ⑬果敢 ⑭奨励
⑮校閲

❸ (1)①ア ②エ ③カ ④ク ⑤ケ ⑥イ ⑦ウ ⑧キ ⑨コ
⑩オ
(2)①A ②B ③B ④A
(3)①例 私はいちりつの高校に進学したいと思っているので、同じ学校に行きたいと言っている人は、放課後いっしょに自習室へ行きませんか。
②例 二年三組の生徒は全員、クラス写真撮影のため、十一月二日火曜の午前九時に、中学校のグラウンドに集合してください。

—考え方—

❸ (1)話し言葉と書き言葉の違いを押さえる問題である。音声で得る情報と文字で得る情報をわかりやすく伝えるためにはそれぞれどうすればよいかをまとめる。
(2)①④「えっと」といった感動詞や、「ね？」などの語りかける表現、指示語が多いのが、話し言葉の特徴である。
②③「喫緊」「清掃」など、熟語でも漢字から意味を取りやすいのが、書き言葉の特徴である。
(3)①「しりつ」には「市立」と「私立」という同音異義語があるため、耳で聞いただけでは違いがわかりづらい。「いちりつ」「わたくしりつ」ということで区別することができる。また、熟語を避け、和語で伝えた方がわかりやすい。
②「誰が」「いつ」「どこに」「何のために」「何をする」のかを、整理して伝えるとよい。

漢字3　送り仮名（漢字に親しもう6～漢字3）

70～71ページ　Step 2

❶ ①ひじ ②つつみ ③ことぶき ④ほま ⑤ねば ⑥かたよ
⑦うれ ⑧かせん ⑨はたお ⑩りょかくき ⑪しょうにか
⑫こうにゅう ⑬しんだん ⑭ゆうもう ⑮あんみん

❷ ①薫 ②懲 ③操 ④鍛 ⑤怠 ⑥鈍 ⑦童歌 ⑧朗

⑨健 ⑩状況 ⑪妨 ⑫踏 ⑬華 ⑭特徴 ⑮間違

❸ (1) ①A育む B育てる ②A汚れる B汚い
③A悔いる B悔しい ④A治める B治す
⑤A触れる B触る
(2) ①ろ ②× ③り ④も ⑤びに ⑥×
⑦い ⑧× ⑨× ⑩ら ⑪ちに ⑫え
(3) ①羨し→羨まし ②嘆→嘆き

考え方

❸ (1) 二つの訓読みを持つ漢字は、送り仮名の使い分けに注意する。「開く（ひらく・あく）」のように、同じ送り仮名で二通りの読み方をする漢字もあるので、使い分けに注意する。
(2) 活用のない言葉の送り仮名については、名詞は付けないのが原則だが、言葉によっては付ける場合もあるので、その都度覚える。副詞は最後の音節を送るのが原則である。
(3) ①「しい」がつく形容詞は「しい」の部分を送るのが原則だが、「羨ましい」は「羨む」という動詞があるので、同じ部分を送る。
②名詞は送り仮名を付けないのが原則だが、「嘆き」は「嘆く」という動詞に合わせて送り仮名を付ける。

木

72ページ Step 2

❶ (1) 例 木は黙っていて、歩いたり走ったりせず、愛とか正義とかわめかないということ。
(2) イ
(3) ア・エ（順不同・完答）
(4) 木は歩いたり走ったりしない
(5) 例 ひとつとして同じ木はないこと。
(6) 例 空や地に向かって伸び、愛や正義そのものであるところ。

❷ ①稲妻 ②黙 ③抽象 ④概念

考え方

❶ (1) 第一連で述べた、木のことが好きな理由について、「ほんとうにそうなのか」と問いかけている。「木は話したり動いたりしない」ことが書けていれば正解。
(2) 木がささやいていたり歩いたり走ったりするのを見ることができるのは、物事の本質を見きわめられる人である。
(3) 本来なら、「木はゆったりと静かな声で囁いているのだ」とするのが普通の語順。また、木を、まるで人のように表現している。
(4) 「木は歩いたり走ったりしない」と一連で述べたのに対して、「木は歩いているのだ」「木は稲妻のごとく走っているのだ」と述べている。
(5) 続く連に注目する。
(6) 第三連に注目する。動くことも話すこともできないと思われる木が、実は生命力豊かに動き、愛や正義を多弁に語っているのだと述べている。作者は、そんな木が好きだというのである。

テスト前 ☑ やることチェック表

① まずはテストの目標をたてよう。頑張ったら達成できそうなちょっと上のレベルを目指そう。
② 次にやることを書こう（「ズバリ英語○ページ，数学○ページ」など）。
③ やり終えたら□に✔を入れよう。
最初に完ぺきな計画をたてる必要はなく，まずは数日分の計画をつくって，
その後追加・修正していっても良いね。

目標

	日付	やること 1	やること 2
2週間前	／	□	□
	／	□	□
	／	□	□
	／	□	□
	／	□	□
	／	□	□
	／	□	□
1週間前	／	□	□
	／	□	□
	／	□	□
	／	□	□
	／	□	□
	／	□	□
	／	□	□
テスト期間	／	□	□
	／	□	□
	／	□	□
	／	□	□
	／	□	□

QRコードのページに登録すると，「ぴたリンク」からも表をダウンロードできるよ

テスト前 ✓ やることチェック表

① まずはテストの目標をたてよう。頑張ったら達成できそうなちょっと上のレベルを目指そう。
② 次にやることを書こう（「ズバリ英語○ページ，数学○ページ」など）。
③ やり終えたら□に✓を入れよう。
最初に完ぺきな計画をたてる必要はなく，まずは数日分の計画をつくって，
その後追加・修正していっても良いね。

目標

	日付	やること 1	やること 2
2週間前	／	□	□
	／	□	□
	／	□	□
	／	□	□
	／	□	□
	／	□	□
	／	□	□
1週間前	／	□	□
	／	□	□
	／	□	□
	／	□	□
	／	□	□
	／	□	□
	／	□	□
テスト期間	／	□	□
	／	□	□
	／	□	□
	／	□	□
	／	□	□

キリトリ線

QRコードのページに登録すると，「ぴたリンク」からも表をダウンロードできるよ

ズバリよくでる 直前

チェックBOOK

漢字の読み書き・
文法重要事項に完全対応!

国語

光村図書版

2年

アイスプラネット　教 p.14～25

旅の支度。（したく）
郊外に住む。（こうがい）
六畳の部屋。（じょう）
新しい赴任先。（ふにん）
ズバッ 歓迎会を開く。（かんげい）
唯一無二の友。（ゆいいつ）
幼稚園のバス。（ようち）
怪しい人物。（あや）
机の脚。（あし）
ズバッ 勘違いをする。（かんちが）
水の惑星。（わくせい）
映画を撮る。（と）
ほらを吹く。（ふ）
雄弁に語る。（ゆうべん）
極端な言い方。（きょくたん）
ズバッ 寂しく思う。（さび）
突然の大雨。（とつぜん）
慌てて起きる。（あわ）
弟の手を握る。（にぎ）
大股で歩く。（おおまた）
封筒を渡す。（ふうとう）
切手を貼る。（は）
鼻が詰まる。（つ）

枕草子　教 p.28～31

ズバッ 紫に染める。（むらさき）
蛍狩りに行く。（ほたる）
趣のある庭。（おもむき）
ベッドで寝る。（ね）
霜が降りる。（しも）
ズバッ ダンスを踊る。（おど）
日が傾く。（かたむ）
きれいな水晶。（すいしょう）

情報整理のレッスン　思考の視覚化　教 p.32～33

ズバッ 肥えた土壌。（どじょう）
車の排気ガス。（はいき）
会心の笑み。（え）

漢字1　熟語の構成　教 p.38～39

山岳部に入る。（さんがく）
船に搭乗する。（とうじょう）
ズバッ 人類の禍福。（かふく）
慶弔の行事。（けいちょう）
ズバッ 平安京の遷都。（せんと）
弟は俊足だ。（しゅんそく）
猛犬を飼う。（もうけん）
父の肖像画。（しょうぞう）
車の免許。（めんきょ）
雌雄を争う。（しゆう）
清浄な空間。（せいじょう）
日没が早い。（にちぼつ）
兼業は禁止だ。（けんぎょう）
濃霧が出る。（のうむ）
秩序を乱す。（ちつじょ）
妥当な評価。（だとう）
東奔西走（とうほん）
喜怒哀楽（あいらく）

ズバッ テストでまちがえやすい漢字

軽挙妄動（もうどう）

疾風迅雷（しっぷうじんらい）

鯨飲馬食（げいいん）

温厚篤実（おんこうとくじつ）

自我を保つ。（じが）

麦芽糖の味。（ばくが）

師弟のきずな。（してい）

姉妹仲が良い。（しまい）

極秘の任務。（ごくひ）

漢字に親しもう1 教 p.40

要旨を捉える。（ようし）

名簿の作成。（めいぼ）

氏名の記入欄。（きにゅうらん）

選手宣誓（せんせい）

原稿を書く。（げんこう）

芯のある人。（しん）

箇条書きの文。（かじょうが）

神の啓示。（けいじ）

常に携帯する。（けいたい）

計画の阻止。（そし）

租税を課す。（そぜい）

注意の喚起。（かんき）

栄冠に輝く。（えいかん）

国に奉仕する。（ほうし）

霊峰に登る。（れいほう）

福音を授ける。（ふくいん）

仮病を使う。（けびょう）

歩合制の仕事。（ぶあい）

早速の対応。（さっそく）

寺で写経する。（しゃきょう）

京阪を結ぶ道。（けいはん）

結果の図示。（ずし）

金色の仁王像。（におうぞう）

拾得物を渡す。（しゅうとくぶつ）

拾万円の寄付。（じゅうまんえん）

クマゼミ増加の原因を探る 教 p.42～51

セミの羽化。（うか）

虫捕りに行く。（と）

顕微鏡を使う。（けんびきょう）

卵の殻を割る。（から）

地面の舗装。（ほそう）

乾燥した空気。（かんそう）

花が枯れる。（か）

カメの産卵。（さんらん）

冬眠する動物。（とうみん）

床下に潜る。（もぐ）

暑さに耐える。（た）

制限の緩和。（かんわ）

零度を下回る。（れいど）

軟らかい肉。（やわ）

的を狙う。（ねら）

必須の条件。（ひっす）

事故に遭う。（あ）

土が硬化する。（こうか）

思考のレッスン1 具体と抽象 教 p.52～53

抽象的な表現。（ちゅうしょう）

テストでまちがえやすい漢字

けがの治療。（ちりょう）
ズバッ 壁を壊す。（かべ）
玄関から入る。（げんかん）
肩に手を置く。（かた）

漢字に親しもう2 教p.58

ズバッ 遺憾に思う。（いかん）
慈愛に満ちる。（じあい）
裕福な家庭。（ゆうふく）
素朴な疑問。（そぼく）
寛大な心。（かんだい）
煩雑な手続き。（はんざつ）
危惧の念。（きぐ）
進行を妨げる。（さまた）
練習に飽きる。（あ）
雑草が茂る。（しげ）
間食を控える。（ひか）
娯楽が少ない。（ごらく）
遜色ない結果。（そんしょく）
ズバッ 部活の勧誘。（かんゆう）

婚姻届の提出。（こんいん）
強情を張る。（ごうじょう）
参加を強いる。（し）
女神像を彫る。（めがみ）
天女の羽衣《はごろも》。（てんにょ）

情報社会を生きる メディアを比べよう 教p.60〜61

母宛ての手紙。（あ）

情報社会を生きる メディアの特徴を生かして情報を集めよう 教p.62〜63

活躍した選手。（かつやく）
ズバッ 大会の開催。（かいさい）
漫画を読む。（まんが）
危険の回避。（かいひ）
ズバッ 情報の掲載。（けいさい）
地震と津波。（つなみ）
大きな被害。（ひがい）

情報社会を生きる 「自分で考える時間」をもとう 教p.64〜66

ズバッ 書籍の出版。（しょせき）

短歌に親しむ 教p.68〜71

気持ちを託す。（たく）
ズバッ 短歌の鑑賞。（かんしょう）
丁寧な口調。（ていねい）
父の優しさ。（やさ）
牧に馬を放つ。（まき）
ズバッ 鮮やかな色。（あざ）
爽やかな風。（さわ）
恐竜の時代。（きょうりゅう）
水仙の花。（すいせん）
我が物顔の人。（わ）
悠然と歩く。（ゆうぜん）
優れた才能。（すぐ）
一滴のしずく。（いってき）

言葉の力 教p.74〜77

ズバッ 語彙を増やす。（ごい）
淡いピンク。（あわ）
胸に秘める。（ひ）

華やかな着物。（はな）
豆を煮詰める。（につ）
脳裏に浮かぶ。（のうり）
詩歌の精髄。（せいずい）

言葉1 類義語・対義語・多義語 教 p.78〜79

布を裂く。（さ）
傘を差す。（かさ）
風鈴の音色。（ふうりん）
豚肉を焼く。（ぶたにく）
商品の購入。（こうにゅう）
廉価で売る。（れんか）
真摯な態度。（しんし）
実践を重ねる。（じっせん）
慎重に進む。（しんちょう）
軽率な行動。（けいそつ）

言葉を比べよう 教 p.80〜81

既成《きせい》の概念。（がいねん）
菊の花を飾る。（きく）

鍋を使う料理。（なべ）
鉛筆で書く。（えんぴつ）
需要を満たす。（じゅよう）

翻訳作品を読み比べよう 教 p.84〜85

翻訳された本。（ほんやく）

盆土産 教 p.92〜105

盆に載せる。（ぼん）
大根を漬ける。（つ）
肌が敏感だ。（びんかん）
唐突に立つ。（とうとつ）
文を訂正する。（ていせい）
川魚を釣る。（つ）
生そばの店。（き）
囲炉裏の火。（いろり）
魚の串焼き。（くしや）
川の水が濁る。（にご）
不吉な出来事。（ふきつ）
成長が著しい。（いちじる）
沼にすむ魚。（ぬま）

野菜を揚げる。（あ）
大豆を潰す。（つぶ）
野望を砕く。（くだ）
唾液が出る。（だえき）
湾曲した道。（わんきょく）
ぶどうの粒。（つぶ）
どろが跳ねる。（は）
竹の柵を作る。（さく）
精神を病む。（や）
土の塊の重さ。（かたまり）
蓋をする。（ふた）
冷凍食品（れいとう）
偉そうな態度。（えら）
肉が焦げる。（こ）
緻密な計画。（ちみつ）
日々精進する。（しょうじん）
不明瞭な言葉。（ふめいりょう）
食卓を囲む。（しょくたく）
険しい崖。（がけ）

バスの車掌。（しゃしょう）

字のない葉書 教 p.106～111

旅館の湯殿。（ゆどの）
元気な挨拶。（あいさつ）
照れ性な人。（しょう）
行儀が悪い。（ぎょうぎ）
肌着を洗う。（はだぎ）
洋服を縫う。（ぬ）
雑炊を作る。（ぞうすい）
餅をつく。（もち）
煙を吐き出す。（は）
子供を叱る。（しか）
高い叫び声。（さけ）

言葉2 敬語 教 p.117～119

神意を伺う。（うかが）
来賓の祝辞。（らいひん）
乱暴な行為。（こうい）
謙譲語を学ぶ。（けんじょう）
式の芳名帳。（ほうめい）

御社のご意向。（おんしゃ）
愚見を述べる。（ぐけん）
弊社の製品。（へいしゃ）
拙著で述べる。（せっちょ）
粗品を配る。（そしな）
語呂の良い名。（ごろ）
俳諧の研究。（はいかい）

漢字2 教 p.120～121

誤診の疑い。（ごしん）
深く陳謝する。（ちんしゃ）
酪農を営む。（らくのう）
感慨にひたる。（かんがい）
紳士用の服。（しんし）
町の福祉施設。（ふくし）
倫理にもとる。（りんり）
社員に諮る。（はか）
筆を執る。（と）
鐘を鳴らす。（かね）
仏像を鋳る。（い）

テストでまちがえやすい漢字

床下浸水（しんすい）
苦汁を飲む。（くじゅう）
苦渋の決断。（くじゅう）
内政への干渉。（かんしょう）
平衡を保つ。（へいこう）
平和の享受。（きょうじゅ）
人生の軌跡。（きせき）
効率化を図る。（はか）

漢字に親しもう3 教 p.122

料理の配膳。（はいぜん）
海藻のサラダ。（かいそう）
栄養の摂取。（せっしゅ）
みその醸造。（じょうぞう）
蜂蜜をかける。（はちみつ）
麺類が好きだ。（めんるい）
煎茶を飲む。（せんちゃ）
砂を充填する。（じゅうてん）
佳作を選ぶ。（かさく）
凹凸のある道。（おうとつ）

募金を集める。（ぼきん）
過剰な反応。（かじょう）
洗剤を使う。（せんざい）
夕日が映える。（は）
自らを省みる。（かえり）
論文を著す。（あらわ）
委員長に推す。（お）
布を裁つ。（た）
関係を断つ。（た）

モアイは語る——地球の未来　教 p.124〜131

巨大な岩。（きょだい）
孤島に住む。（ことう）
膨大な資料。（ぼうだい）
謎を解く。（なぞ）
花を栽培する。（さいばい）
凝灰岩は軽い。（ぎょうかいがん）
大抵の場合。（たいてい）
車で運搬する。（うんぱん）

堆積した土砂。（たいせき）
徐々に近づく。（じょじょ）
薪をくべる。（たきぎ）
責任の放棄。（ほうき）
領土の侵食。（しんしょく）
他国との抗争。（こうそう）
頻度が高い。（ひんど）
国の崩壊。（ほうかい）
恒常的な政策。（こうじょう）
飢餓に苦しむ。（きが）
漆黒の鳥。（しっこく）
天国と地獄。（じごく）

思考のレッスン2 根拠の吟味　教 p.132〜133

吟味して選ぶ。（ぎんみ）
内容の把握。（はあく）
利害の一致。（いっち）

漢字に親しもう4　教 p.138

鎌で草を刈る。（かま）

古墳の調査。（こふん）
円陣を組む。（えんじん）
土地の開拓。（かいたく）
狩猟と採集。（しゅりょう）
内乱の勃発。（ぼっぱつ）
痕跡を残す。（こんせき）
臆面なく話す。（おくめん）
楷書で書く。（かいしょ）
豪華《ごうか》な邸宅。（ていたく）
事故車の残骸。（ざんがい）
該当する箇所。（がいとう）
嘱託の社員。（しょくたく）
呪文を唱える。（じゅもん）
示唆に富む。（しさ）
お歳暮を贈る。（せいぼ）
衣装を選ぶ。（いしょう）
悪魔の仕業。（しわざ）
正体の暴露。（ばくろ）

月夜の浜辺　教 p.144〜145

悲しみを忍ぶ。（しの）

扇の的 ――「平家物語」から 教 p.151～157

扇を広げる。（おうぎ）
僅かな違い。（わず）
突如現れる。（とつじょ）
小さな舟。（ふね）
若い女房。（にょうぼう）
手綱を握る。（たづな）
香りが漂う。（ただよ）
面を伏せる。（おもて）
壇《だん》の浦の戦い。（うら）
鑑賞に堪える。（た）
門下の逸材。（いつざい）
三騎の武者。（さんき）
嘲笑の的。（ちょうしょう）

仁和寺にある法師 ――「徒然草」から 教 p.158～161

鋭い視線。（するど）

実力で勝る。（まさ）

漢詩の風景 教 p.162～168

暁の空。（あかつき）
寝床を探す。（ねどこ）
私も俗人だ。（ぞくじん）
平凡な人生。（へいぼん）
楽しい雰囲気。（ふんいき）
帯を締める。（し）
ふとんを敷く。（し）
又明日会おう。（また）
悲しみに沈む。（しず）
高楼に登る。（こうろう）
一年浪人する。（ろうにん）
旧暦の一月。（きゅうれき）

君は「最後の晩餐」を知っているか 教 p.170～179

カエルの解剖。（かいぼう）
理屈をこねる。（りくつ）
衝撃を受ける。（しょうげき）

テストでまちがえやすい漢字

芝居を見る。（しばい）
水紋が広がる。（すいもん）
弟子入りする。（でし）
磔《たっ》刑に処す。（けい）
ひいでた容貌。（ようぼう）
狭い部屋。（せま）
道を究める。（きわ）
色が剥がれる。（は）
美しい色彩。（しきさい）
既に手遅れだ。（すで）
輪郭をなぞる。（りんかく）
感嘆の声。（かんたん）

漢字に親しもう5 教 p.186

洞窟に隠れる。（どうくつ）
海の中の暗礁。（あんしょう）
きれいな真珠。（しんじゅ）
冥王星の発見。（めいおうせい）
窒素を集める。（ちっそ）
岬の灯台。（みさき）

丘陵の公園。（きゅうりょう）
鶴が飛び立つ。（つる）
鬼の面。（おに）
柳の木の下。（やなぎ）
湿潤な気候。（しつじゅん）
胃酸の分泌。（ぶんぴつ）
汎用性が高い。（はんよう）
肥沃な土地。（ひよく）
幼い乳飲み子。（ち）
市町村の大字。（おおあざ）
若さ故の失敗。（ゆえ）
昔の面影。（おもかげ）

研究の現場にようこそ　教 p.188～190

絶滅のおそれ。（ぜつめつ）
哺乳類の生物。（ほにゅう）
豪華な客室。（ごうか）
困難を伴う。（ともな）
弦を替える。（げん）
苦闘の日々。（くとう）

走れメロス　教 p.196～213

邪知暴虐の王。（じゃちぼうぎゃく）
笑顔の花婿。（はなむこ）
美しい花嫁。（はなよめ）
祝宴を張る。（しゅくえん）
王の賢臣。（けんしん）
人質になる。（ひとじち）
警吏に捕まる。（けいり）
眉間の傷跡。（みけん）
民の声を聞く。（たみ）
恩に報いる。（むく）
必死の命乞い。（いのちご）
旅館の亭主。（ていしゅ）
睡眠を取る。（すいみん）
到着の時刻。（とうちゃく）
壇上に立つ。（だんじょう）
食事を調える。（ととの）
承諾した仕事。（しょうだく）
新郎の挨拶。（しんろう）

蒸し暑い季節。（む）
生涯の友。（しょうがい）
美酒に酔う。（よ）
拳を振るう。（こぶし）
泉が湧く。（わ）
氾濫した川。（はんらん）
時計が狂う。（くる）
誠を尽くす。（まこと）
山賊を倒す。（さんぞく）
隙を見せる。（すき）
星空を仰ぐ。（あお）
勇気が萎える。（な）
芋虫がはう。（いもむし）
路傍に咲く花。（ろぼう）
真紅の着物。（しんく）
敵を欺く。（あざむ）
卑劣な行為。（ひれつ）
醜い言い訳。（みにく）
多くの選択肢。（せんたくし）

石を蹴飛ばす。（けと）
怪しい風体。（ふうてい）
裸体を描く。（らたい）
不運を恨む。（うら）
抱擁をかわす。（ほうよう）
万歳をする。（ばんざい）

漢字に親しもう6　教p.214

免疫力の低下。（めんえき）
補聴器を買う。（ほちょうき）
体が痩せる。（や）
血液の循環。（じゅんかん）
傷が治癒する。（ちゆ）
尿を検査する。（にょう）
皮膚科の医者。（ひふ）
尚早な判断。（しょうそう）
ごみの撤去。（てっきょ）
果敢に挑む。（かかん）
陰謀をあばく。（いんぼう）
不朽の名作。（ふきゅう）

運動の奨励。（しょうれい）
症状の改善。（しょうじょう）
河川の調査。（かせん）
機織りの道具。（はたお）
旅客機に乗る。（りょかくき）
小児科の医師。（しょうにか）

言葉3　話し言葉と書き言葉　教p.220〜221

曖昧な返答。（あいまい）
校閲部で働く。（こうえつ）

漢字3　送り仮名　教p.222〜223

肘をつく。（ひじ）
堤を補強する。（つつみ）
寿を述べる。（ことぶき）
誉れ高い名画。（ほま）
風薫る五月。（かお）
懲らしめる（こ）
謹んで承る。（つつし）
最後まで粘る。（ねば）

テストでまちがえやすい漢字

心身を鍛える。（きた）
仕事を怠ける。（なま）
勘が鈍い。（にぶ）
憂いのある声。（うれ）
偏った生活。（かたよ）
人形を操る。（あやつ）
童歌を歌う。（わらべうた）
朗らかな声。（ほが）
健やかに育つ。（すこ）

木　教p.228〜230

稲作の歴史。（いなさく）

▶文法—自立語①

活用する自立語

活用する自立語には、動詞・形容詞・形容動詞がある。

動詞	形容詞	形容動詞
「どうする・どうなる・ある」（動作・変化・存在）を表す。言い切りの形が「ウ」段の音になる。	「どんなだ」（状態・性質）を表す。言い切りが「い」になる。	「どんなだ」（状態・性質）を表す。言い切りが「だ」になる。
自動詞 例 揺れる 他動詞 例 揺らす	例 青い 美しい うれしい	例 きれいだ 健康だ 静かだ

※動詞・形容詞・形容動詞をまとめて用言と呼ぶ。

活用しない自立語

活用しない自立語には、名詞・副詞・連体詞・接続詞・感動詞がある。

名詞（体言）…活用しない自立語。「が・は・も」を伴って主語になれる。

普通名詞	代名詞	固有名詞	数詞	形式名詞
事物を広く表す。	人・物・場所・方向などを指し示す。	特定の物事の名前を表す。	物の数値や順序を表す。	本来の意味が薄れた名詞。平仮名で書く。
例 本・中学生 思い出・水曜日	例 私・あなた そちら・これ	例 スイス・富士山 芥川《あくたがわ》龍《りゅう》之介《のすけ》	例 三本・二十五 六月・十二人	例 もの・こと ところ・とき

▶文法―自立語②

副詞…活用しない自立語。主に連用修飾語となり、様子・状態・程度を表す。

状態の副詞	「どのように」という状態を表す。	例 そっと しっかり
程度の副詞	「どのくらい」という程度を表す。	例 よく もっと
呼応の副詞	下に決まった言い方がくる。	例 まさか どうか

※呼応の副詞の例

たとえ……ても（でも）

例 たとえ苦しくても、やりぬこう。

おそらく……だろう

例 おそらく彼は来ないだろう。

連体詞…活用しない自立語。連体修飾語となる。

例 この本・そんなとき

大きな犬・あらゆる可能性

接続詞…活用しない自立語。前後の文や語をつなぎ、接続語となる。

順接	前の内容が後の内容の原因・理由となる。	例 だから したがって
逆接	前の内容とは逆の内容が後にくる。	例 けれども しかし
並列 累加	前の内容と並べたり、付け加えたりする。	例 そして しかも
対比 選択	前の内容と比べたり、どちらかを選んだりする。	例 また それとも
説明 補足	前の内容をまとめたり、補ったりする。	例 つまり なぜなら
転換	前の内容とは話題を変える。	例 さて ところで

感動詞…活用しない自立語。独立語となり、応答・呼びかけ・感動などを表す。

例 まあ、なんてすてきなプレゼントなの。

こんにちは、今日は暑いですね。

▶文法―用言の活用

品詞	種類	基本形	語幹	未然形	連用形	終止形	連体形	仮定形	命令形
				―ない ―う・よう	―ます ―た	―。	―とき ―ので	―ば	―。
動詞	五段活用	走る	はし	―ら	―り	―る	―る	―れ	―れ
	上一段活用	見る	（み）	み	み	みる	みる	みれ	みろ
	下一段活用	調べる	しら	―べ	―べ	―べる	―べる	―べれ	―べろ
	サ行変格活用（サ変）	する …する	○	し せ・さ	し	する	する	すれ	しろ
	カ行変格活用（カ変）	来る	○	こ	き	くる	くる	くれ	こい

品詞	基本形	語幹	未然形	連用形	終止形	連体形	仮定形	命令形
			―う	―た ―ない ―なる ―ございます	―。	―とき ―ので	―ば	―。
形容詞	楽しい	たのし	―かろ	―かっ ―く ―う	―い	―い	―けれ	○
形容動詞	静かだ	しずか	―だろ	―だっ ―で ―に	―だ	―な	―なら	○
	静かです	しずか	―でしょ	―でし	―です	―です	○	○

▶文法—付属語①

付属語

付属語には、助動詞・助詞がある。

助動詞の働き

活用する付属語を、助動詞という。

助動詞の種類

助動詞	意味	例文
れる られる	受け身 可能 尊敬 自発	大きな犬にほえられる。 八時までここにいられる。 お客様が話をされる。 私には難しく思われる。
せる させる	使役	犬に散歩をさせる。
たい たがる	希望	明日は早く起きたい。 弟も買い物に行きたがる。
ない ぬ（ん）	否定 （打ち消し）	あまり見ない顔だ。 知らぬが仏。
う よう	推量 意志 勧誘	まもなく日も暮れよう。 今日は家にいよう。 一緒に宿題をしよう。
ます	丁寧	私がプリントを配ります。
た（だ）	過去 完了 存続 想起	昨日は休みだった。 掃除をしたら出かけよう。 花瓶に生けた花。 昨日はお留守でしたね。
らしい	推定	何だか怒っているらしい。
ようだ ようです	推定 比喩	勝敗は決したようだ。 まるで生きているようだ。
そうだ そうです	推定 様態	明日は雨になりそうだ。 今にも泣きだしそうだ。
	伝聞	本日発売になるそうだ。
まい	否定の意志・推量	明日は遅刻をすまい。 彼もここには気づくまい。
だ です	断定	明日から三連休だ。

▶文法―付属語②

助詞

活用しない付属語を、助詞という。

助詞の種類

格助詞	副助詞	接続助詞	終助詞
主に体言に付いて、体言とその下の語句との関係を表す。	いろいろな語句に付き、意味を付け加える。	主に活用する語句に付いて、前後をつなぐ。	文や文節の終わりに付いて、話し手や書き手の気持ち・態度を表す。
例 私が行く。手で持つ。	例 二個ずつ分ける。今は、三時半くらいです。	例 寒いが、ぼくは元気だ。難しくても、やってみよう。	例 僕も一緒に行くよ。明日はどこに行きますか。

▶古文①

歴史的仮名遣いのきまり

①語頭以外の「は・ひ・ふ・へ・ほ」は、「わ・い・う・え・お」になる。

例 おはしけれ→おわしけれ　言ひける→いいける

②「ゐ・ゑ・を」は、「い・え・お」になる。

例 をとこ→おとこ　こゑ→こえ

③「ぢ・づ」は、「じ・ず」になる。

例 なんぢ→なんじ　よろづ→よろず

④「くわ・ぐわ」は、「か・が」になる。

例 くわし（菓子）→かし　ぐわん（願）→がん

⑤「au」は「ô」、「iu」は「yû」、「eu」は「yô」になる。

例 やうやう→ようよう　うつくしう→うつくしゅう

※①～⑤のきまりを組み合わせる場合もある。

例 てふてふ→てうてう→ちょうちょう

▶古文②

係り結び

「ぞ」「なむ」「や」「か」「こそ」などの係助詞があると、結びの部分の形が変化する。

例 尊くおはしけり。→尊くこそおはしけれ。

重要古語

古語	意味
心うし	残念だ 例 心うく覚えて（残念に思われて）
かたへ	仲間 例 かたへの人にあひて（仲間に向かって）
年ごろ	長年 例 年ごろ思ひつること（長年思っていたこと）
ゆかし	見たい、聞きたい、知りたい 例 ゆかしかりしかど（知りたかったけれど）
…まほし	……したい、……したがる 例 あらまほしきこと（あってほしいこと）

▶漢文

返り点

①レ点…一字だけ上の字に返る

例 春眠不《ず》レ覚《エ》レ暁《ヲ》→春眠暁を覚えず

②一・二点…二字以上離れた上の字に返る。

例 烽火連《ナリ》二三月一→烽火三月に連なり

漢詩の種類

①句の数…四句→絶句／八句→律詩

②一句の文字数…五文字→五言
七文字→七言

漢詩の構成

起句…歌い起こす　承句…起句を展開

転句…場面が転換

結句…全体を締めくくる

漢詩の技法

①対句…文法的・意味的に対応した二つの語句を並べる。

②押韻《おういん》…偶数句の末尾に同じ響き（韻）の文字を置く。（七言詩は第一句も押韻）